APPRENDRE LE CLAVIER EN 10 ETAPES

Servane Heudiard

Apprendre la clavier En 10 étapes

33, avenue de la République
75011 PARIS – France
Tél. 01 40 21 46 46
Fax 01 40 21 46 20
E-mail : firstinfo@efirst.com
Internet : www.efirst.com

ISBN : 2-84427-410-2

Dépôt légal : 1er trimestre 2003
Imprimé en Italie

APPRENDRE LE CLAVIER en 10 ETAPES

Le clavier : carte d'identité

❶ Touche Echap

Touche interrompant l'action en cours (consultez la section « Touche Echap (Esc) », dans l'étape 1).

❷ Touches de fonction

Touches au nombre de 12 qui déclenchent une action particulière, mais n'insèrent pas de caractères (consultez la section « Objectif action : les touches de fonction », dans l'étape 1).

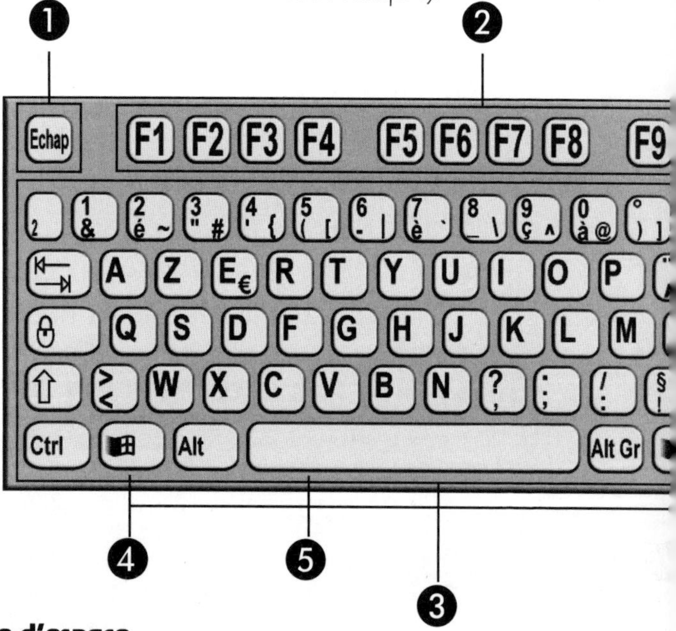

❹ Touches Windows

Touches servant principalement à afficher le menu **Démarrer** (consultez la section « Touche Windows », dans l'étape 1).

❺ Barre d'espace

Touche insérant un espace (consultez la section « Caractères simples : une seule touche suffit », dans l'étape 3).

❻ Touche Application

Touche qui, comme un clic avec le bouton droit de la souris, affiche un menu contextuel (consultez la section « Touche Application », dans l'étape 1).

❸ Pavé central

Bloc de touches qui occupe la majeure partie du clavier et permet essentiel-lement d'insérer des caractères alphanumériques (consultez la section « Objectif texte : les touches du pavé central », dans l'étape 1)

❿ Témoins lumineux

Petits voyants qui indiquent l'état des touches **Verr Num** et **Verr Maj** (consultez les sections « Touche Verr Maj (Caps Lock) » et « Touche Verr Num (Num Lock) », dans l'étape 1).

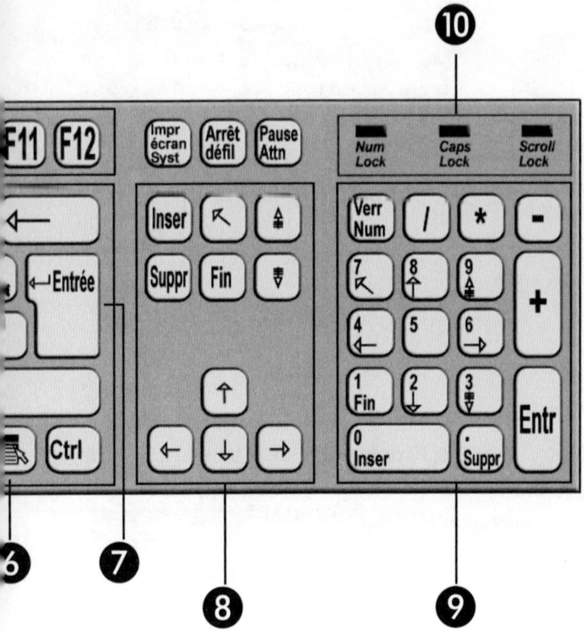

❾ Pavé numérique

Bloc de touches occupant l'extrême droite du clavier et permettant d'insérer des chiffres et des opérateurs mathématiques, mais aussi d'effectuer des calculs (consultez la section « Objectif chiffres : les touches du pavé numérique », dans l'étape 1).

❼ Touche Entrée

Touche qui permet avant tout de valider une action ou un choix, et de créer des paragraphes (consultez la section « Touche Entrée (Return) », dans l'étape 1).

❽ Pavé directionnel

Bloc de touches dédiées au déplacement du curseur (consultez la section « Objectif déplacement : les touches du pavé directionnel », dans l'étape 1).

Questions – Réponses

À chaque fois que je tape un nouveau caractère, un caractère disparaît à l'écran. Que se passe-t-il ?

Vous avez sans doute activé le mode Refrappe en appuyant par mégarde sur la touche **Inser**. Si vous travaillez dans Microsoft Word ou Excel, notamment, regardez dans la barre d'état : la mention RFP y apparaît certainement en gras. Pour retrouver un système de frappe normal dans lequel les nouveaux caractères s'insèrent devant les caractères existants au lieu de les remplacer, tapez de nouveau la touche **Inser**.

Je voulais saisir mon année de naissance depuis le pavé numérique, mais le curseur se déplace sans qu'aucun chiffre n'apparaisse à l'écran. Mon clavier est-il devenu fou ?

Observez le témoin **Num Lock** dans l'angle supérieur droit du clavier. Il est sans doute éteint. Quand tel est le cas, le pavé numérique n'est pas verrouillé : il fonctionne alors comme un pavé directionnel. Pour retrouver des touches numériques qui insèrent des chiffres, appuyez simplement sur la touche **Verr Num** : le témoin **Num Lock** devrait se rallumer.

À chaque fois que j'appuie sur une touche, mon clavier émet un bip, et il ne se passe rien à l'écran. Ai-je cassé quelque chose ?

C'est peu probable. En revanche, vous avez sans doute appuyé sur la touche **Alt** : l'ordinateur attend donc que vous tapiez la touche d'une lettre qui permet d'activer une commande ou une option depuis le clavier. Observez la barre de menus : le nom du premier menu apparaît probablement en relief. Tapez la touche **Echap**, et tout devrait rentrer dans l'ordre.

J'ai appuyé simultanément sur la touche Maj et é pour produire un É, mais un 2 est apparu à l'écran. Pourquoi ?

Les majuscules accentuées É, È et À ne s'obtiennent pas par le biais de la touche **Maj**, mais grâce à la touche **Alt**, utilisée conjointement au code ASCII du caractère. Pour produire un É, vous devez ainsi maintenir la touche **Alt** enfoncée et taper simultanément les touches **0**, **2**, **0** et **1**.

J'ai lu que le raccourci Ctrl+S permettait d'enregistrer mon document. Pourtant, quand je tape les touches Ctrl, = et S, cela génère seulement des caractères. Ai-je mal compris ?

Dans les documentations, les touches composant un raccourci clavier sont toujours séparées par un signe + ou un tiret. Vous ne devez *jamais* taper ce symbole. Il indique simplement qu'il faut maintenir toutes les touches du raccourci enfoncées simultanément pour obtenir le résultat souhaité.

Quand je tape des lettres, elles apparaissent toutes en majuscules, et les apostrophes sont remplacées par des 4. Que se passe-t-il ?

Sans doute avez-vous appuyé sans le faire exprès sur la touche **Verr Maj** et verrouillé ainsi le mode Majuscule. Regardez le témoin **Caps Lock** dans l'angle supérieur droit du clavier : il est sans doute allumé. Pour désactiver le mode Majuscule et saisir de nouveau des minuscules, tapez la touche **Verr Maj** ou **Maj**, de façon à éteindre le témoin **Caps Lock**.

Je me sens aussi courbaturé après une demi-journée de saisie qu'après plusieurs heures de conduite. Est-ce normal ?

Non. Sans doute êtes-vous mal installé. Pour épargner votre dos, redressez-vous sur votre siège. Pour éviter les tendinites au niveau des avant-bras, utilisez un clavier ergonomique avec repose-poignets ou un repose-poignets indépendant, et veillez à ce que vos coudes se trouvent légèrement plus haut que vos poignets. Si vous travaillez à partir d'un document papier, placez-le sur un porte-copie dans une position proche de la verticale, afin de ne pas avoir sans cesse à baisser et relever la tête. Et comme en voiture, faites des pauses régulièrement.

Mon collègue de bureau trouve que je tape trop fort sur les touches. A-t-il raison ?

Si le bruit l'insupporte, sans doute déployez-vous trop d'énergie dans votre frappe. Il est absolument inutile de taper fort sur les touches. Un léger appui suffit pour établir le contact avec le circuit électronique sous-jacent. En tapant moins fort, vous allongerez la durée de vie de votre clavier. Vous réduirez en outre la gêne occasionnée par le bruit et, donc, la fatigue, tant pour votre collègue que vous.

Dans la précipitation, je viens de renverser du café sur le clavier. Ai-je commis l'irréparable ?

Non, rassurez-vous. Éteignez immédiatement l'ordinateur et retournez votre clavier, de façon que tout le liquide s'écoule, puis laissez-le sécher. Une fois certain que tout est bien sec (pas de précipitation, cette fois : vous risqueriez de provoquer un court-circuit), rebranchez le clavier. Dans la plupart des cas, il fonctionne de nouveau.

Un message affiché à l'écran me demande de taper sur n'importe quelle touche pour continuer. Cela va-t-il modifier mon document en cours ?

Non. Il s'agit juste d'envoyer à l'ordinateur un signal lui indiquant qu'il peut poursuivre la tâche en cours. L'appui sur la touche ne produira donc pas l'effet habituel : aucun caractère ne sera inséré ou supprimé, et le curseur ne changera pas de place. Si vous avez de réelles craintes, contentez-vous d'appuyer sur la touche **Echap**.

J'avais sélectionné un grand bloc de texte dans Word, mais finalement, je ne veux plus le modifier. Malgré plusieurs appuis sur la touche Echap, mon texte reste sélectionné. Pourquoi ?

La touche **Echap** permet uniquement d'interrompre certaines actions que le logiciel est en train de réaliser (comme l'ouverture d'un fichier) et de quitter une boîte de dialogue sans valider aucun des choix réalisés dans cette dernière. Vous ne pouvez pas y recourir pour changer un état de fait ou annuler une action terminée. Dans ce dernier, vous devez utiliser le raccourci clavier **Ctrl+Z**. Pour désélectionner un texte dans Word, appuyez sur n'importe quelle touche fléchée.

Je voulais saisir un F majuscule dans mon document Word, mais la boîte de dialogue *Rechercher et remplacer* est apparue. Pourquoi ?

Sans doute votre doigt a-t-il dérapé… Au lieu de maintenir enfoncée la touche **Ctrl** pendant que vous tapiez la touche **F**, vous avez en fait maintenu appuyée la touche **Ctrl**. Or la combinaison de touches **Ctrl+F** correspond précisément au raccourci clavier qui permet d'ouvrir la boîte de dialogue **Rechercher et remplacer** sans passer par le menu **Edition**.

À chaque fois que j'appuie sur la touche Tab **dans mon tableau Word, je sélectionne une cellule. Dois-je renoncer à l'idée d'insérer la tabulation dont j'avais besoin ?**

Non. Simplement, vous avez oublié un point primordial : pour insérer une tabulation dans un tableau Word, vous devez maintenir la touche **Ctrl** enfoncée pendant que vous appuyez sur la touche **Tab**.

Une fois que je maîtriserai bien mon clavier, pourrai-je me passer de la souris ?

Non. De même que la souris seule ne permet pas d'accomplir toutes les actions indispensables pour mener vos travaux informatiques à bien, de même, il est impossible d'utiliser exclusivement le clavier. Simplement, mieux vous connaîtrez votre clavier, plus vous pourrez vous passer de la souris, et plus vous serez rapide et efficace, car vous éviterez de nombreux allers-retours à votre bras.

Lexique

ASCII *(American Standard Code for Information Exchange)*

Norme américaine qui définit un code numérique pour chaque caractère de texte, chaque signe de ponctuation et divers symboles, permettant de rendre un même fichier intelligible pour quantité d'applications différentes.

Caractère spécial

Caractère qui n'apparaît sur aucune touche du clavier et qui s'insère par le biais de son code ASCII et de la touche **Alt**, voire, dans certains programmes, grâce à une boîte de dialogue conviviale de type **Caractères spéciaux**, comme dans Microsoft Word.

Curseur

Petit trait clignotant à l'écran qui matérialise l'endroit où se déroulera l'action générée depuis le clavier, comme le point où apparaîtront les caractères saisis ou ceux à partir duquel seront supprimés des caractères.

Espace insécable

Espace qui indique à Word de considérer les caractères précédant et suivant ce symbole, ainsi que l'espace, comme un objet unique à ne pas séparer.

Marque de format

Symbole visible uniquement à l'écran (il n'apparaît donc pas sur les épreuves imprimées) qui matérialise divers éléments de mise en page. Par exemple, les espaces sont matérialisés par un point noir, les fins de paragraphes signalées par la marque ¶, et les tabulations matérialisées par une fine flèche orientée vers la droite.

Menu contextuel

Menu qui apparaît à la suite d'un clic droit sur un élément ou d'un appui sur la touche **Application**, et dont le contenu varie en fonction de l'élément auquel il se rapporte.

Mode Refrappe

Mode de saisie particulier dans lequel chaque caractère tapé se substitue au caractère existant qui suivait le curseur. Il s'active et se désactive par un appui sur la touche **Inser**.

Pavé central

Ensemble de 62 touches qui occupe la majeure partie du clavier et qui sert principalement à insérer des caractères alphanumériques. On y trouve également quelques touches particulières, comme la touche **Entrée**, la touche **Alt** ou les touches **Windows**.

Pavé directionnel

Ensemble de 10 touches situé à droite du pavé central et essentiellement destiné à déplacer le curseur.

Pavé numérique

Ensemble de 17 touches qui occupe l'extrême droite du clavier. Dans un programme traditionnel, ce pavé permet à la fois de saisir des chiffres et des opérateurs mathématiques, et, beaucoup plus rarement, de déplacer le curseur. Dans un logiciel de calcul, il joue le rôle de calculatrice.

Périphérique

Appareil informatique relié à un ordinateur, auquel il confère des fonctionnalités supplémentaires. On distingue les *périphériques d'entrée*, comme le clavier et la souris, qui envoient des données vers l'ordinateur, et les *périphériques de sortie*, comme les imprimantes, auxquels l'ordinateur transmet des données.

Pilote

Petit programme logiciel qui permet à un périphérique d'échanger des données avec un ordinateur. Sans pilote, la communication entre le périphérique et l'ordinateur ne peut pas s'établir.

Plug and Play (PnP)

Spécification définie par Intel. Tous les matériels informatiques Plug and Play sont reconnus automatiquement par le système d'exploitation dès qu'ils sont reliés à l'ordinateur. Le système installe alors directement le pilote requis et assure les réglages nécessaires au bon fonctionnement du matériel.

Pointeur

Petite icône qui matérialise l'emplacement de la souris à l'écran. Sa forme varie en fonction du programme dans lequel vous travaillez et de la tâche en cours. Le plus souvent, le pointeur se présente sous la forme d'une flèche.

Raccourci clavier

Combinaison de touches qui permet d'exécuter rapidement une commande et évite de devoir activer la commande correspondante avec la souris. L'action se déclenche au moment où toutes les touches qui composent le raccourci sont enfoncées.

Système d'exploitation

Logiciel qui permet de faire fonctionner l'ordinateur et qui constitue un environnement d'exécution pour les différents programmes, comme Microsoft Word ou Adobe Photoshop. Les systèmes d'exploitation les plus employés sont Windows, sur les PC, et Mac OS, sur les Macintosh.

Touches de fonction

Touches au nombre de 12, généralement situées dans la rangée supérieure du clavier. Elles n'insèrent ni ne suppriment aucun caractère, mais exécutent des actions sur-le-champ, soit seules, soit en association avec d'autres touches.

Trait d'union insécable

Tiret qui indique à Word de considérer les caractères précédant et suivant ce symbole, ainsi que le trait d'union, comme un mot unique.

Pour commencer

Cette fois, c'est fait : vous avez franchi le pas et décidé d'acquérir, vous aussi, un magnifique ordinateur pour profiter de l'Internet, retoucher vos photos numériques et, surtout, taper des lettres, des messages électroniques et toutes sortes de documents. Vous n'allez pas regretter un instant d'abandonner finalement cette chère machine à écrire qui vous avait pourtant rendu tant de services. Apprendre le clavier en 10 étapes est en effet un défi que nous allons relever sans douleur.

Ce livre conviendra parfaitement aux utilisateurs dont les doigts n'ont encore jamais parcouru de touches et à ceux qui ont déjà eu l'occasion de travailler sur une machine à écrire. Les personnes plus expérimentées avec la saisie sur ordinateur y trouveront quant à elles de précieuses informations et quelques astuces grâce auxquelles gagner en efficacité.

Au cours des dix étapes, vous acquerrez peu à peu toutes les connaissances théoriques et pratiques dont vous avez besoin pour utiliser votre clavier. Grâce à de petits exercices, vous les assimilerez sans même vous en rendre compte et dans quelques semaines, vous les exploiterez machinalement, sans vous souvenir qu'il y a quelque temps encore, elles vous étaient totalement étrangères !

Nous avons choisi de fonder votre apprentissage sur un clavier de PC pour répondre aux besoins de la majorité des utilisateurs d'ordinateurs. Sur un clavier de Macintosh ou de portable, certaines touches diffèrent ou ne sont pas disposées exactement de la même manière. Néanmoins, les grands principes de saisie restent identiques.

Toujours dans un souci de répondre aux attentes du plus grand nombre, nous utiliserons comme logiciel de saisie Microsoft Word. Ce traitement de texte a le mérite de faciliter votre travail à de nombreux égards, tant dans l'insertion de caractères spéciaux que par le nombre impressionnant d'actions qu'il permet de réaliser sans la souris.

Contenu de ce livre

Puisqu'il est impossible de travailler correctement sans disposer de bons outils, nous consacrerons notre *première étape* au clavier lui-même. Vous découvrirez comment en choisir un adapté à vos besoins, puis comment l'installer et l'entretenir pour qu'il reste longtemps à votre service.

Les *étapes 2 et 3* vous emmèneront à la découverte des différentes touches. Une fois familiarisé avec leur organisation et leur rôle, vous apprendrez véritablement à les utiliser pour produire toutes sortes de caractères à l'écran (minuscules, majuscules accentuées, symboles, *etc.*).

C'est à la *quatrième étape* que nous entrerons dans l'univers de Word. Grâce à de nombreux exemples concrets, vous reverrez les différents principes de saisie et apprendrez à répartir correctement votre texte dans un document. Aux *étapes 5, 6 et 7*, vous acquerrez toutes les connaissances nécessaires pour vous déplacer efficacement dans un document, mais aussi pour sélectionner, modifier, copier, déplacer et mettre en forme du texte.

À la *huitième étape*, nous quitterons l'univers de Word pour celui de Windows. Vous découvrirez alors qu'il est possible d'exécuter des actions aussi fondamentales que l'ouverture d'un programme et le redémarrage de l'ordinateur directement depuis le clavier. Dans le même esprit, l'*étape 9* vous expliquera comment exécuter des commandes de menus et utiliser des boîtes de dialogue sans recourir à la souris. À la *dixième étape*, enfin, vous naviguerez dans l'Explorateur Windows pour consulter, renommer, déplacer ou supprimer des fichiers.

Pour compléter vos connaissances, l'*annexe A* vous livrera la liste des raccourcis clavier Windows et Word les plus employés, tandis que l'*annexe B* vous apprendra à utiliser conjointement le clavier et la souris pour devenir encore plus efficace.

Aide sur le Web

Quantité de sites Web peuvent vous renseigner sur le clavier. Pour trouver l'information dont vous avez besoin, utilisez un moteur de recherche comme Google (`www.google.fr`) et spécifiez des critères de recherche aussi précis que possibles pour éviter une liste de réponses interminable.

Nous vous signalerons différentes adresses de sites Web au fur et à mesure de ce livre, en rapport direct avec le sujet abordé. Trois sites permettent sinon d'obtenir des informations généralistes très intéressantes :

- `www.mon-ordi.com/clavier.htm` : donne des informations générales sur le clavier, sa composition et son mode de fonctionnement, et vous aide également à résoudre quelques dysfonctionnements courants.
- `www.santemagazine.fr/websante/resultat/_f_multimedia_position_ecran.html` : donne des conseils sur la manière de s'installer pour saisir sans souffrir.
- `www.sosordi.net` : fournit une aide précieuse sur la marche à suivre en cas de panne et vous permet de poser des questions.

ETAPE 1

Je m'équipe

DANS CETTE ÉTAPE :

- Fonctionnement d'un clavier
- Petit historique du clavier
- Choisir le bon clavier parmi tous les modèles existants
- Mettre son clavier en marche
- Entretenir son clavier
- Résoudre les problèmes

Vos doigts brûlent d'impatience de parcourir les touches ? Retenez-les encore quelques instants, juste le temps de vous familiariser avec cet objet qu'est le clavier. Dans cette étape, nous vous présentons brièvement les différents types de claviers existants et vous indiquons les gestes clés à accomplir pour que votre matériel fonctionne correctement et longtemps.

Quel clavier choisir ?

Le clavier est peut-être le matériel informatique le plus employé. Il permet de communiquer avec l'ordinateur en lui transmettant des données et fait donc partie des *périphériques d'entrée*, au même titre que les souris ou les scanneurs. Il s'oppose ainsi aux *périphériques de sortie*, comme les imprimantes, qui permettent, eux, de récupérer des données en provenance de l'ordinateur.

TERME À CONNAÎTRE

Périphérique. Appareil informatique relié à un ordinateur, auquel il confère des fonctionnalités supplémentaires.

Le clavier, comment ça marche ?

Un clavier se compose de touches sous lesquelles figure un réseau de fils (une *matrice*), ainsi qu'un *microprocesseur*. Doté d'une zone mémoire, ce circuit électronique est capable de traiter des informations grâce à un petit programme. Quand vous appuyez sur une touche, vous connectez deux fils du réseau, ce qui envoie un signal au microprocesseur. Celui-ci convertit le signal en un code standard identifiant la touche tapée, et ce code est transmis à la carte mère de l'ordinateur. Grâce à un *contrôleur* dédié, cette dernière interprète le code et le transmet au programme, qui peut alors exploiter ce que vous avez tapé.

TERME À CONNAÎTRE

Microprocesseur. Circuit électronique qui réalise des calculs et assure la réception et la transmission d'instructions.

Contrôleur. Circuit électronique qui joue le rôle d'intermédiaire entre un ordinateur et un périphérique, en permettant l'échange de données entre ces deux unités.

Tous les claviers ne se ressemblent pas

Petite histoire du clavier

Depuis ses débuts, le clavier s'est enrichi de nombreuses touches. Par ailleurs, la forme rectangulaire et rigide cède de plus en plus de place aux modèles ergonomiques aux formes arrondies.

Créés par IBM, les premiers claviers de PC/XT ne comportaient que 83 touches (dont uniquement dix touches de fonction) et avaient la particularité assez rare à l'époque d'être totalement dissociés de l'ordinateur, et non intégrés à celui-ci. Ces périphériques souffraient néanmoins de défauts majeurs, comme la disposition inappropriée des touches et la taille trop petite des touches **Maj** et **Entrée**. Ils ne proposaient par ailleurs aucun témoin lumineux, car l'état des touches **Verr Maj**, **Verr Num** et **Arrêt Défil** était géré uniquement par la carte mère de l'ordinateur.

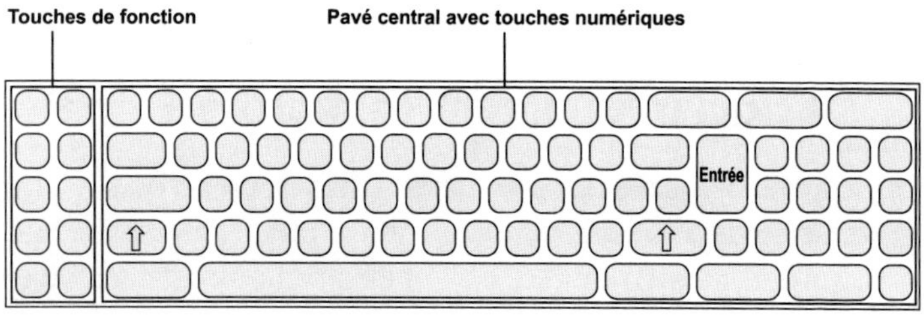

Figure 1-1 Clavier PC/XT de 83 touches

En 1984, IBM lance le PC/AT, qu'il dote d'un nouveau clavier de 84 touches. Il y corrige la plupart des imperfections reprochées à son prédécesseur : les touches sont réorganisées, les touches **Maj** et **Entrée** sont agrandies, et des témoins lumineux indiquant l'état des touches **Verr Maj**, **Verr Num** et **Arrêt Défil** apparaissent. Les touches de fonction restent au nombre de dix. IBM abandonne également le mode de communication unidirectionnel au profit d'un mode bidirectionnel : la carte mère est désormais en mesure de recevoir des informations du clavier, mais également de lui en envoyer.

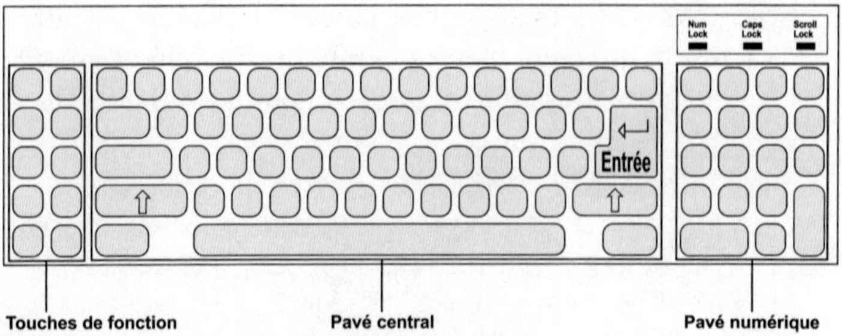

Figure 1-2 Clavier PC XT/AT de 84 touches

Deux ans plus tard, en 1986, IBM sort un clavier étendu de 102 touches. Au départ destiné à équiper les nouveaux PC XT et AT, ce modèle s'impose rapidement comme standard pour tous les PC et marque la fin de ses prédécesseurs. La disposition des touches est plus efficace, et les touches de fonction, désormais douze, occupent maintenant le haut du clavier. On note également l'apparition d'un nouveau bloc de touches dédiées au positionnement du curseur.

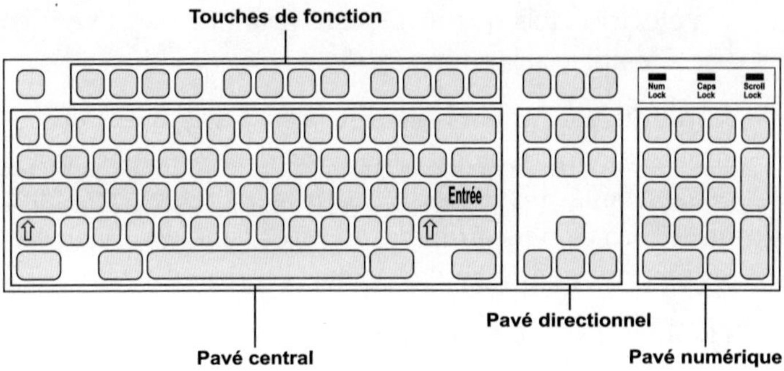

Figure 1-3 Clavier étendu de 102 touches

À l'arrivée de Windows 95 sur le marché, Microsoft commercialise un nouveau type de clavier compatible Windows de 105 touches, qui intègre trois touches dédiées à Windows : deux touches **Windows** identiques de part et d'autre de la barre d'espace et une touche **Application**. Quelques modèles de claviers Windows très récents, comme le Natural Multimedia de Microsoft, intègrent même des touches qui offrent un accès direct aux dossiers couramment utilisés, comme Mes documents.

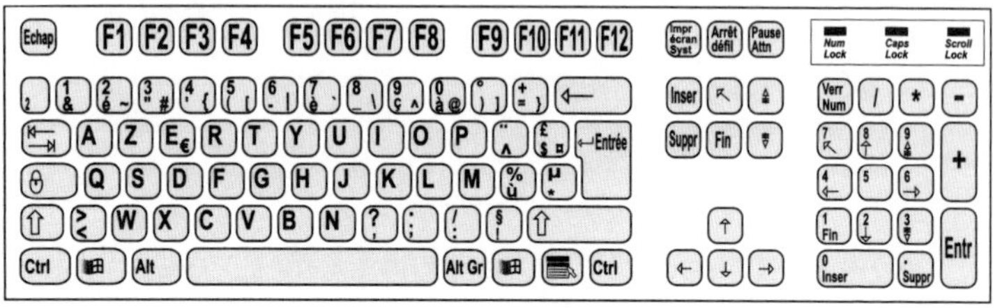

Figure 1-4 Clavier Windows de 105 touches

Avec l'essor de l'Internet et des périphériques de type lecteur ou graveur de CD-ROM, de plus en plus de fabricants intègrent par ailleurs à leurs claviers des touches dédiées au Web qui permettent notamment d'afficher en un clin d'œil la page d'accueil et de parcourir des pages visitées, mais aussi des touches grâce auxquelles vous pouvez démarrer la lecture, l'avance rapide, *etc.* d'un CD. Il existe également des claviers enrichis qui incorporent des éléments tels qu'une tablette graphique ou une boule destinée à remplacée la souris.

Au fil du temps, le clavier a connu d'autres évolutions que de simples ajouts ou modifications de touches. Un nombre croissant de fabricants abandonnent la configuration rectangulaire au profit de formes plus arrondies et ergonomiques, destinées à éviter les tensions au niveau des poignets et des avant-bras.

Claviers d'ici et d'ailleurs

Si vous avez déjà observé un clavier américain, vous aurez constaté que les touches ne sont pas disposées de la même manière. En fait, seule l'inscription visible sur les touches diffère ; les circuits électroniques sont les mêmes. Simplement, les claviers français sont configurés en AZERTY, tandis que les modèles américains sont paramétrés en QWERTY. Autrement dit, les touches sont associées à un code différent.

LE SAVIEZ-VOUS ?

Les noms complexes et *a priori* injustifiés AZERTY et QWERTY correspondent en fait aux premières touches de lettres dans le pavé central du clavier.

Figure 1-5 Clavier QWERTY multimédia
Copyright Microsoft, Corp.

Au sein de ces deux grandes catégories, il existe des variantes propres à certains pays. Par exemple, les Canadiens utilisent un clavier QWERTY particulier, tandis que les Suisses et les Belges se servent d'un clavier AZERTY légèrement différent de celui des Français.

Faites le bon choix

Le marché informatique propose actuellement une grande diversité de claviers. Il est important d'en choisir un adapté à vos besoins et à vos préférences en matière de saisie. Certains utilisateurs privilégient par exemple les claviers peu bruyants, tandis que d'autres continuent d'apprécier les touches dont le maniement rappelle le côté mécanique des machines à écrire.

Le clavier est un périphérique sur lequel vos doigts passeront énormément de temps. Vous devez donc le choisir avec soin. Prenez le temps d'en tester un maximum. Ne vous laissez pas tenter par un clavier ergonomique dernier cri si vous constatez que vous ne parvenez pas du tout à vous adapter à cette configuration particulière. De même, n'hésitez pas à dépenser quelques euros de plus pour un clavier de meilleure qualité. N'oubliez pas qu'il s'agit de l'un des périphériques informatiques les plus sollicités. Vous perdrez de l'argent en croyant en gagner si vous optez pour un modèle bon marché qui rendra l'âme au bout d'un an.

Étant donné la diversité des claviers actuellement commercialisés, la fourchette de prix est extrêmement étendue. Il est très facile de trouver des claviers bon marché à moins de 13 euros, mais encore une fois, mieux vaut éviter le bas de l'échelle. Pour un clavier standard de bonne qualité, comptez entre 17 et 30 euros. Si vous optez pour un clavier ergonomique, vous devrez débourser une vingtaine d'euros de plus. Et si votre porte-monnaie vous le permet, pourquoi ne pas vous laisser tenter par un clavier sans fil ? Comptez alors au moins 80 euros.

Il est possible d'acheter un clavier dans un magasin d'informatique, mais aussi sur l'Internet, où les tarifs sont souvent moins élevés. Une bonne technique consiste à choisir et essayer un clavier en magasin, puis à le commander sur le Web si vous le trouvez à un prix plus bas. Vous pouvez notamment faire des recherches sur le site de constructeurs, comme Dell (`www.dell.fr`) ou Logitech (`www.logitech.com`), ou sur des sites d'informatique généralistes, tels que `www.wstore.fr` ou `www.materiel.net`.

Comment installer votre clavier ?

Pour qu'un clavier puisse communiquer avec l'ordinateur, deux composants sont indispensables : la connexion physique et un *pilote*. Plusieurs modèles récents de claviers établissent la connexion par une liaison infrarouge directe, sans fil. Néanmoins, la majorité de ces périphériques se relient à l'ordinateur par un câble qui vient s'enficher sur un connecteur DIN à 5 broches ou un connecteur DIN plus petit à 6 broches, également appelé connecteur PS/2.

TERME À CONNAÎTRE

Pilote. Petit programme logiciel qui permet à un périphérique d'échanger des données avec un ordinateur.

DIN *(Deutsche Industrie Norm)*. Organisme allemand de normalisation. Il équivaut en France à l'AFNOR.

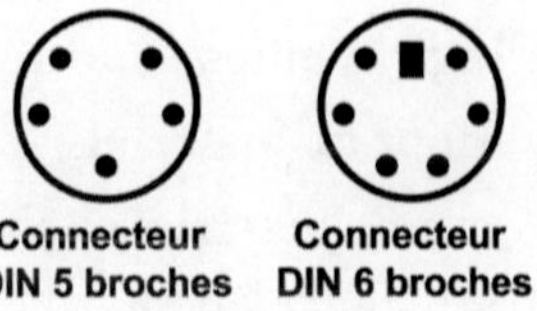

Figure 1-6 Connecteurs clavier

La première étape de l'installation consiste à brancher votre clavier. Commencez par éteindre l'ordinateur, puis enfichez le cordon du clavier dans le port requis de l'unité centrale. Il ne vous reste plus qu'à rallumer l'ordinateur !

NOTE

Si aucun port ne correspond au connecteur de votre clavier, vous pouvez acheter un adaptateur qui permettra d'assurer la liaison.

La deuxième étape, qui réside dans l'installation du pilote, vous sera souvent épargnée. Si vous avez acquis votre clavier en même temps que l'ordinateur, en effet, le pilote requis est déjà préinstallé. Sinon, votre nouveau clavier est sans doute *Plug and Play* ; Windows installe alors normalement automatiquement le pilote requis.

TERME À CONNAÎTRE

Plug and Play (PnP). Spécification définie par Intel et caractérisant les matériels informatiques que le *système d'exploitation* reconnaît automatiquement dès qu'ils sont reliés à l'ordinateur et pour lesquels il installe directement le pilote requis et assure les réglages nécessaires.

Système d'exploitation. Logiciel qui permet de faire fonctionner l'ordinateur et qui constitue un environnement d'exécution pour les différents programmes, comme Microsoft Word ou Excel. Les systèmes d'exploitation les plus employés sont Windows, sur les PC, et Mac OS, sur les Macintosh.

Si, toutefois, votre clavier n'est pas reconnu par le système, vous devez installer son pilote manuellement.

1 Placez à portée de main la disquette ou le CD-ROM d'installation fourni avec votre clavier.
2 Ouvrez le Panneau de configuration en cliquant sur **Démarrer → Panneau de configuration**.
3 Cliquez sur **Imprimantes et autres périphériques**.
4 Cliquez sur **Ajout de matériel**.
5 L'assistant **Ajout de matériel** apparaît : cliquez sur **Suivant** et suivez les instructions qui s'affichent à l'écran.

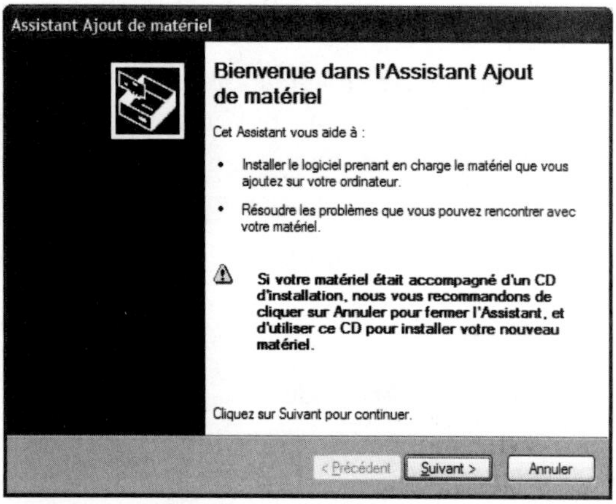

Choisissez la langue adaptée

Si plusieurs langues sont installées sur votre ordinateur, vous pouvez aisément basculer de l'une à l'autre.

1 Cliquez dans une zone vide de la barre des tâches avec le bouton droit, puis sur **Barres d'outils → Barre de langue**.
2 Cliquez sur l'icône de langue (**FR** ou **EN**, le plus souvent) ou de clavier, et sélectionnez la langue ou le clavier souhaité dans le menu qui apparaît.

Les options proposées dans le menu de l'étape 2 dépendent des langues et configurations ajoutées dans l'onglet **Langues** de la boîte de dialogue **Options régionales et linguistiques**. Celle-ci est accessible depuis le Panneau de configuration, en cliquant sur **Options régionales, date, heure et langue**, puis sur **Options régionales et linguistiques**. Pour consulter la liste des langues installées, cliquez sur **Détails**. Vous pouvez alors en ajouter de nouvelles en cliquant sur **Ajouter** dans la boîte de dialogue **Services de texte et langues d'entrée**.

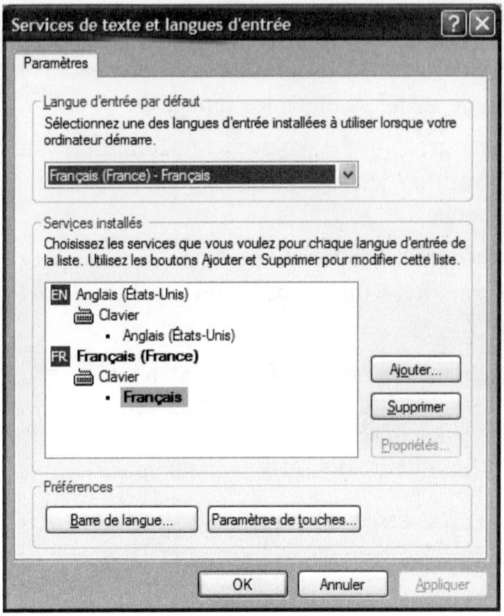

ETAPE 1

Bichonnez votre clavier

Comme n'importe quel matériel, votre clavier ne pourra vivre longtemps en bonne santé que si vous en prenez soin. Pour ce faire, nettoyez-le et testez-le régulièrement.

Nettoyez votre clavier

Pour garantir le bon fonctionnement des touches et préserver les contacts avec le réseau de fils sous-jacent, il est très important que votre clavier reste propre. Pour ce faire, achetez éventuellement un kit de nettoyage pour quelques euros dans un magasin d'informatique ou sur l'Internet et menez régulièrement les opérations de nettoyage suivantes, en prenant soin d'éteindre auparavant l'ordinateur et de débrancher le clavier :

- Retournez le clavier pour en faire tomber les saletés.
- Passez un petit aspirateur pour ordinateur sur le clavier, afin d'enlever les saletés plus tenaces.
- Parcourez le clavier avec une bombe à air comprimé pour supprimer les saletés qui seraient coincées sous ou entre les touches.
- Nettoyez les touches une à une avec un petit chiffon et/ou des cotons-tiges imprégnés d'un produit d'entretien peu concentré.

CONSEIL Évitez de démonter les touches pour les nettoyer. Si vraiment cela s'avère indispensable, utilisez alors impérativement un outil dédié, fourni avec de nombreux claviers, et veillez à ne casser ni le cache de la touche, ni l'interrupteur sous-jacent.

Si vous renversez un liquide sur le clavier, retournez-le aussitôt pour en faire tomber le liquide et laissez-le sécher. Nettoyez-le ensuite avec de l'eau distillée. Attendez ensuite que le clavier soit parfaitement sec pour le brancher de nouveau et rallumer l'ordinateur. Vous risquez sinon de provoquer des courts-circuits et d'endommager irrémédiablement votre périphérique.

QUESTION RÉPONSE

Pourquoi utiliser de l'eau distillée ? L'eau distillée a l'avantage de ne contenir ni impuretés ni sels minéraux, deux composants qui risqueraient d'abîmer le clavier.

Si vous utilisez votre clavier dans un environnement à risques ou que des utilisateurs peu soigneux sont amenés à se servir de votre périphérique, vous pouvez protéger celui-ci par une housse en plastique spéciale et légère, qui empêchera notamment le dépôt de confiture sur les touches et l'écoulement de café entre les touches…

Vérifiez la bonne santé de votre clavier

Il existe actuellement beaucoup de logiciels de diagnostic et de test qui contrôlent divers aspects des systèmes informatiques. Certains sont dédiés à la carte mère, d'autres aux composants graphiques, *etc.* Les plus complets, comme SiSoft Sandra Standard, intègrent un programme dédié au clavier *(Keyboard Information)*. L'idéal est d'exécuter celui-ci tous les quatre ou cinq mois, afin de vérifier le bon fonctionnement des composants électroniques du clavier et du contrôleur sur la carte mère.

Vous pouvez trouver de tels logiciels de diagnostic dans des magasins d'informatique, sur l'Internet ou sur le CD-ROM qui accompagne des magazines informatiques. Beaucoup existent en version *freeware* ou *shareware*. Pour en trouver rapidement un qui vous convienne, rendez-vous par exemple sur `http://telecharger.01net.com/windows/Utilitaire/optimiseurs_et_tests/`.

TERME À CONNAÎTRE

Freeware (gratuiciel). Logiciel gratuit utilisable sans limitation dans le temps.

Shareware (partagiciel). Logiciel utilisable gratuitement pendant une période de temps donnée. Si vous n'achetez pas le programme au-delà de cette durée, il cesse de fonctionner, ou certaines de ses fonctions sont désactivées. Quelques sharewares ne donnent pas accès à l'ensemble des fonctionnalités et outils de la version complète des logiciels. Il arrive par exemple que la fonction d'enregistrement soit désactivée.

SOS clavier !

Identifiez le problème (et tentez de le résoudre)

Au démarrage de l'ordinateur, un petit programme appelé *BIOS* s'exécute et teste les différents périphériques. Quand le clavier ne fonctionne pas, le système émet six bips courts. Certaines versions conviviales du BIOS affichent des messages plus précis et intelligibles, en langage humain.

TERME À CONNAÎTRE

BIOS *(Basic Input/Output System)*. Petit programme exécuté dès le démarrage d'un ordinateur, qui mène différents tests (POST, Auto-test de mise sous tension), identifie les matériels présents et de charge le système d'exploitation.

Sans entrer toutefois dans des procédures complexes, voici les principaux cas auxquels vous risquez un jour d'être confronté.

- **Une seule touche est hors d'usage.** Le problème vient sans doute d'une petite saleté qui empêche le contact avec les composants électroniques. Nettoyez la touche avec soin.
- **Toute une ligne ou colonne de touches est hors d'usage.** Un réseau de fils sous-jacent a probablement rendu l'âme, soit à cause d'un fil d'un cassé, soit à cause d'un court-circuit. Aucune réparation n'est alors envisageable : il ne vous reste plus qu'à acheter un nouveau clavier.
- **Le clavier ne fonctionne pas du tout ou ne produit pas les caractères tapés.** Avant toute chose, vérifiez que le cordon du clavier est bien enfiché dans le port clavier de l'ordinateur. Si cela ne change rien, divers problèmes peuvent expliquer la panne :
  - Une touche est bloquée. Identifiez-la et libérez-la.
  - Le cordon est défectueux. Remplacez-le par un autre.
  - Le microprocesseur du clavier possède une puce défectueuse. La seule solution est alors de remplacer le clavier.

- La carte mère est défectueuse. Vous ne pouvez alors que la remplacer.

CONSEIL

Quel que soit le problème rencontré, évitez de démonter votre clavier. Celui-ci renferme une multitude de petits ressorts et de clips qui risquent de s'égarer et qui pourraient être difficiles à remettre en place.

Dépannez votre clavier sous Windows XP

1 Cliquez sur **Démarrer → Panneau de configuration**.

2 Cliquez sur **Imprimantes et autres périphériques**.

3 Cliquez sur **Clavier**.

4 Activez l'onglet **Matériel** : Windows indique le fabricant et l'emplacement du clavier, et signale si ce dernier fonctionne correctement.

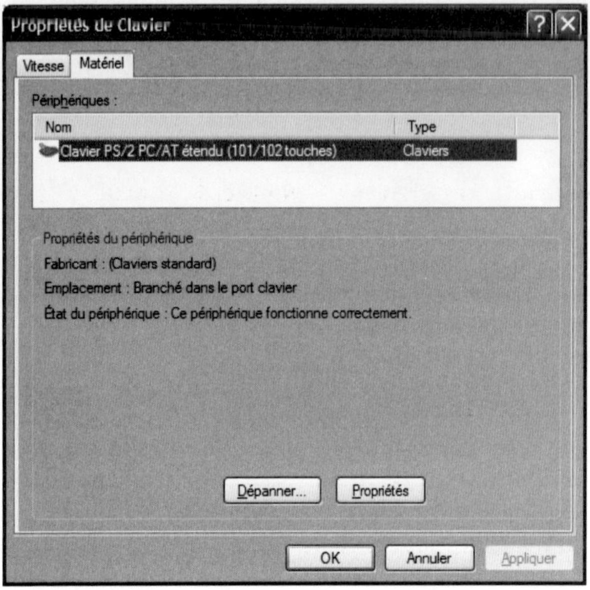

5 En cas de dysfonctionnement, cliquez sur **Dépanner** et suivez les différentes étapes de l'utilitaire de résolution des problèmes, afin d'essayer de réparer votre périphérique.

LE SAVIEZ-VOUS ?

L'onglet **Matériel** de la boîte de dialogue **Propriétés de Clavier** permet également d'installer aisément des mises à jour pour le pilote de votre clavier, que vous pouvez vous procurer auprès du fabricant du périphérique, dans un magasin d'informatique ou sur l'Internet. Cliquez simplement sur **Propriétés**, puis, dans l'onglet **Pilote**, sur **Mettre à jour le pilote**, et suivez les instructions de l'assistant **Mise à jour du matériel** qui apparaît.

NOTE

Si vous rencontrez des problèmes avec votre clavier ou votre ordinateur en général, vous pouvez trouver de précieuses informations et obtenir de l'aide sur le site `www.sosordi.net`.

En résumé

Cette fois, ça y est ! Votre clavier est prêt à fonctionner, paramétré à votre convenance, et vous êtes fermement décidé à en prendre le plus grand soin en l'entretenant régulièrement. Bravo ! Examinons-le maintenant en détail en étudiant ses différentes touches. Rendez-vous à l'étape 2 !

ETAPE 2

Je me repère entre toutes les touches

DANS CETTE ÉTAPE :

- **Comprendre l'organisation du clavier**
- **Découvrir les différentes catégories de touches**
- **Découvrir le rôle de chaque touche**

Votre ordinateur est allumé, votre clavier, prêt à fonctionner, bref, le moment est venu d'entrer dans le vif du sujet. Dans cette étape, vous découvrez que les touches ne sont pas disposées au hasard, mais regroupées en fonction de leur rôle. Une fois cette classification exposée, nous vous présentons une à une les touches un peu particulières.

Comment se classent les différentes touches ?

Les traditionnels claviers Windows de 105 touches se divisent généralement en quatre grandes parties :

- Au-dessus : **les touches de fonction**.
- Au-centre : **le pavé central**.
- À droite du pavé central : **le pavé directionnel**.
- À l'extrême droite : **le pavé numérique**.

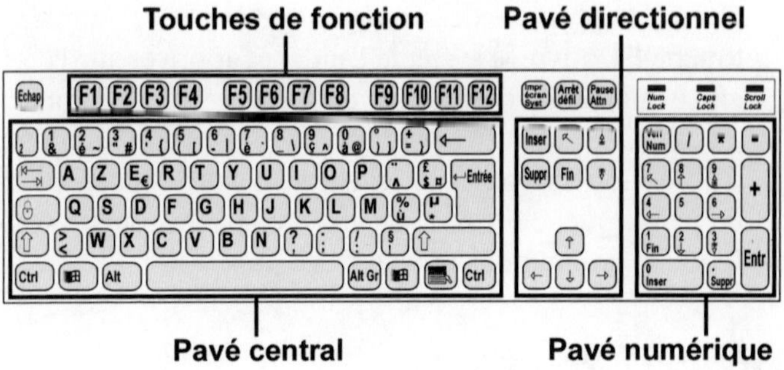

Figure 2-1 Zones principales d'un clavier

Quatre touches, situées de part et d'autre des touches de fonction, échappent à cette classification : **Echap**, **Impr écran**, **Arrêt défil** et **Pause**.

Les claviers modernes intègrent de plus en plus de nouvelles touches dédiées à l'Internet ou aux lecteurs de CD-ROM ou de DVD-ROM, notamment. Vous pouvez ainsi trouver une petite touche ronde marquée d'une maison pour accéder directement à la page d'accueil dans votre navigateur Web ou des touches semblables aux boutons de contrôle du lecteur de CD de votre chaîne hi-fi pour faire avancer le disque. Il n'existe pas de standard en la matière. Si votre clavier comporte de telles touches dont vous ne parvenez pas à identifier le rôle, reportez-vous à la documentation qui accompagne votre périphérique.

Objectif action : les touches de fonction

Au nombre de 12, les touches de fonction exécutent une action particulière qui dépend du logiciel dans lequel vous travaillez. Dans la plupart des programmes, par exemple, taper la touche **F1** ouvre le système d'aide, et appuyer sur la touche **F12** affiche une boîte de dialogue d'enregistrement. Certaines touches de fonction peuvent par ailleurs s'employer conjointement à d'autres touches pour déclencher des actions particulières. Ainsi, taper la touche **F4** tout en maintenant la touche **Alt** enfoncée ferme le programme en cours.

Objectif texte : les touches du pavé central

Le pavé central reprend la plupart des touches d'une machine à écrire, auxquelles viennent s'en ajouter d'autres. Il réunit deux grands types de touches :

- Des touches alphanumériques pour la saisie de lettres et de chiffres, et l'insertion d'espaces grâce à la **barre d'espace**. Leur emploi est très simple : taper la touche **B** génère un b à l'écran, taper la touche **M** produit un m.

NOTE

Quand une touche est marquée de plusieurs caractères, elle porte le nom du caractère situé dans son angle inférieur gauche. Par exemple, la touche = correspond à la touche située juste à gauche de la touche **Retour arrière**.

- Des touches particulières exécutant des actions spécifiques. Chacune sera étudiée en détail dans les sections suivantes.

QUESTION RÉPONSE

Pourquoi le pavé central propose-t-il deux touches avec un 2 ? Ne vous méprenez pas : la touche **2** à l'extrême gauche de la première ligne génère un 2 inscrit en exposant, tandis que la troisième touche de cette même ligne produit un 2 normal.

Touche Tab

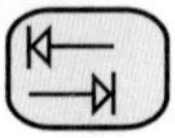

Souvent marquée de deux flèches orientées l'une vers la gauche et l'autre vers la droite, la touche **Tab** permet de déplacer le curseur, ce qui peut se manifester de différentes manières :

- Dans un texte Microsoft Word, le curseur se décale au niveau du taquet de tabulation suivant.
- Dans un tableau Microsoft Word ou une feuille de calcul Microsoft Excel, le curseur se déplace dans la cellule suivante.
- Dans une boîte de dialogue, l'option suivante est activée.

TERME À CONNAÎTRE

Curseur. Petit trait clignotant à l'écran qui matérialise l'endroit où se déroulera l'action générée depuis le clavier, comme le point où apparaîtront les caractères saisis.

Pointeur. Petite icône qui matérialise l'emplacement de la souris à l'écran. Sa forme varie en fonction du programme dans lequel vous travaillez et de la tâche en cours. Le plus souvent, le pointeur se présente sous la forme d'une flèche.

Voyez-vous ce petit trait clignotant à la fin de ce paragraphe de texte ? Il s'agit du **point d'insertion**. C'est à cet endroit qu'apparaîtra le prochain caractère tapé au clavier. |

La flèche affichée à gauche de cette ligne matérialise, elle, le **pointeur**. C'est ici que se produira l'action déclenchée par un clic de souris. Par exemple, si je clique sans bouger le pointeur, je sélectionne toute la première ligne de ce paragraphe.

Touche Verr Maj (Caps Lock)

Souvent marquée d'un petit verrou, la touche **Verr Maj** active et verrouille le mode Majuscule. Elle produit exactement le même effet que si vous mainteniez enfoncée la touche **Maj**. Quand le mode Majuscule est activé, le témoin **Caps Lock** s'allume dans l'angle supérieur droit du clavier. Pour désactiver ce mode, vous devez taper de nouveau la touche **Verr Maj** ou appuyer sur la touche **Maj**.

Touche Maj (Shift)

Les claviers standard comportent deux touches **Maj** : une à chaque extrémité de la quatrième ligne du pavé central. Souvent marquée d'une petite flèche orientée vers le haut, la touche **Maj** s'utilise conjointement à une touche alphanumérique. Elle sert à saisir à la fois des majuscules et tous les caractères qui figurent sur la ligne supérieure des touches avec deux rangées de caractères. Pour générer un U majuscule, par exemple, vous devez appuyer sur la touche **U** tout en maintenant la touche **Maj** enfoncée. De même, pour afficher un signe de pourcentage, il faut maintenir appuyée la touche **Maj** et taper la touche **ù**.

LE SAVIEZ-VOUS ?

Dans certains programmes, maintenir la touche **Maj** enfoncée lorsque vous cliquez sur le nom de certains menus modifie le rôle de diverses commandes. Amusez-vous par exemple à ouvrir Microsoft Word, à appuyer sur la touche **Maj** et à cliquer simultanément sur **Fichier** : la commande **Fermer** devient **Fermer tout**, permettant de fermer l'ensemble des documents en une seule opération.

Touche Retour arrière (Backspace)

Souvent marquée d'une flèche orientée vers la gauche, la touche **Retour arrière** permet d'effacer l'élément sélectionné ou, à défaut, ce qui se trouve à gauche du curseur.

Touche Entrée (Return)

Souvent marquée d'une flèche coudée orientée vers la gauche, la touche **Entrée** est la plus importante du clavier, d'où sa grande taille. Elle assure trois fonctions majeures :

- Dans un traitement de texte, elle produit le même effet que la touche Retour chariot d'une machine à écrire en créant un nouveau paragraphe.
- Dans une boîte de dialogue, elle valide vos sélections, au même titre qu'un clic sur le bouton **OK**.
- Dans divers programmes, elle valide une saisie. Pour accéder à une page Web, par exemple, vous pouvez saisir son adresse dans la barre d'adresses de votre navigateur et appuyer sur **Entrée**. De même, si vous tapez la touche **Entrée** après avoir saisi une formule dans une cellule d'une feuille de calcul Microsoft Excel, vous déclenchez l'exécution du calcul par le logiciel.

Touche Ctrl

Abréviation de « contrôle », la touche **Ctrl** s'emploie conjointement à d'autres touches pour exécuter diverses commandes. Par exemple, dans la plupart des applications, taper la touche **C** en maintenant la touche **Ctrl** enfoncée copie l'élément sélectionné.

CONSEIL Quand vous devez citer la touche **Ctrl**, ne prononcez pas « cétéèrèl », mais « contrôle ».

Touche Windows

Les claviers Windows comportent deux touches marquées du logo Windows : une à droite de la touche **Ctrl**, et une à droite de la touche **Alt Gr**. Employée seule, la touche **Windows** ouvre le menu **Démarrer**. Néanmoins, vous pouvez l'utiliser conjointement à d'autres touches pour évoluer rapidement dans Windows. Par exemple, taper la touche **D** en maintenant la touche **Windows** enfoncée permet d'afficher instantanément le Bureau.

Touche Alt

Abréviation de « alternatif », la touche **Alt** s'emploie conjointement à d'autres touches et joue essentiellement deux rôles :

- Utilisée avec une touche de lettre, elle permet d'activer un menu, une commande ou une option au sein d'une boîte de dialogue. Il suffit de la maintenir enfoncée pendant que vous tapez la lettre soulignée dans le nom de l'élément à sélectionner. Pour dérouler le menu **Fichier** dans Microsoft Word, par exemple, appuyez sur la touche **Alt** et, sans la relâcher, tapez la touche **F**.
- Utilisée avec une touche du pavé numérique, elle permet d'insérer des caractères spéciaux absents du clavier. Vous devez simplement la maintenir enfoncée pendant que vous tapez le *code ASCII* du caractère, précédé de 0. Par exemple, pour saisir un ©, appuyez sur la touche **Alt** et, sans la relâcher, tapez successivement les touches **0**, **1**, **6** et **9** dans le pavé numérique.

TERME À CONNAÎTRE

ASCII (American Standard Code for Information Exchange). Norme américaine qui définit un code numérique pour chaque caractère de texte, chaque signe de ponctuation et divers symboles, permettant de rendre un même fichier intelligible pour quantité d'applications différentes.

NOTE

La liste complète des codes ASCII est consultable sur de nombreux sites Web. Pour connaître le code d'un caractère particulier, vous pouvez sinon ouvrir la Table de caractères de Windows et cliquer sur le caractère : son code ASCII apparaît en bas à droite de la boîte de dialogue.

LE SAVIEZ-VOUS ?

Dans certains programmes, comme Adobe Photoshop, appuyer sur la touche **Alt** quand une boîte de dialogue est ouverte transforme le bouton **Annuler** en bouton **Rétablir** ou **Réinitialiser**, sur lequel il suffit alors de cliquer pour restaurer le paramétrage initial des options de la boîte.

Touche Alt Gr

Abréviation de « alternatif », la touche **Alt Gr** s'emploie conjointement à une touche qui comporte un caractère dans son angle inférieur droit. Elle permet alors de générer ce caractère à l'écran. Pour obtenir le symbole de l'euro, par exemple, tapez la touche **E** tout en maintenant enfoncée la touche **Alt Gr**. Appuyer sur cette dernière revient en fait à maintenir simultanément enfoncées les touches **Ctrl** et **Alt**.

Touche Application

Les claviers Windows comportent une touche marquée d'un petit menu avec un pointeur. Appelée **Application**, elle joue exactement le même rôle qu'un clic avec le bouton droit de la souris : si vous sélectionnez un élément et que vous appuyez sur cette touche, un *menu contextuel* apparaît.

TERME À CONNAÎTRE

Menu contextuel. Menu qui apparaît à la suite d'un clic droit sur un élément ou d'un appui sur la touche **Application**, et dont le contenu varie en fonction de l'élément auquel il se rapporte.

Un **menu contextuel** offre un accès rapide aux commandes couramment employées avec l'élément auquel il se rapporte. Par exemple, le menu contextuel d'un texte sélectionné dans Microsoft Word permet entre autres de copier ce texte, de le mettre en forme et de rechercher des synonymes.

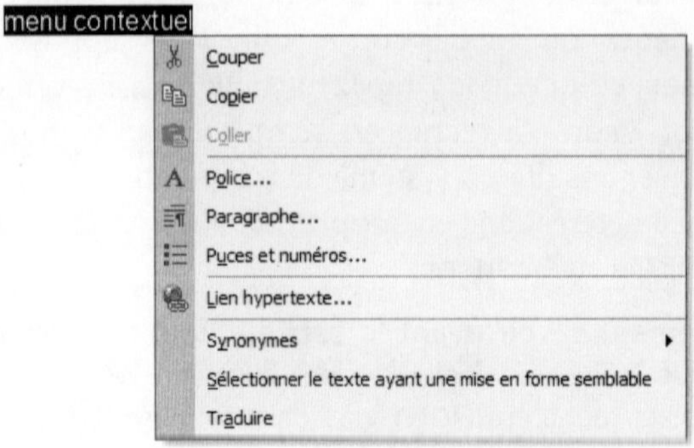

Figure 2-2 Menu contextuel d'un texte sélectionné, affiché grâce à la touche **Application**

Objectif déplacement : les touches du pavé directionnel

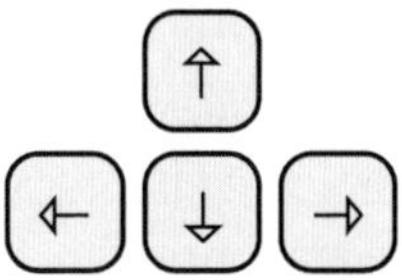

Touche Inser

Abréviation de « insérer », la touche **Inser** active et désactive le *mode Refrappe*, dans lequel tout caractère saisi vient se substituer à celui qui suivait le curseur. Par exemple, si le curseur se trouve juste au début du mot « cou », que vous appuyez sur la touche **Inser** et que vous tapez ensuite successivement **M**, **A** et **L**, le mot « cou » à l'écran est remplacé par le mot « mal ». Pour retrouver ensuite un système de frappe normal et insérer de nouveaux caractères sans en supprimer, vous devez de nouveau appuyer sur la touche **Inser**.

QUESTION RÉPONSE

Comment savoir avant la saisie si le mode Refrappe est activé ? Plusieurs logiciels, dont Microsoft Word et Excel, affichent la mention RFP en gras dans la barre d'état, au bas de l'écran, dès que le mode Refrappe est activé.

Touche Suppr (Del)

Abréviation de « supprimer », la touche **Suppr** efface l'élément sélectionné ou, à défaut, celui qui suit le curseur.

Touches Origine (Home) et Fin (End)

Souvent marquée d'une flèche orientée vers le haut et la gauche, la touche **Origine** permet, comme la touche **Fin**, de modifier la position du curseur :

- Dans un bloc de texte, elles déplacent le curseur au début et à la fin de la ligne en cours.

◆ Dans une page Web, elles repositionnent le curseur au début et à la fin de cette page.

Touches Pg Préc (Pg Up) et Pg Suiv (Pg Dn)

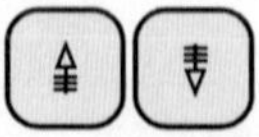

Abréviations respectives de « page précédente » et « page suivante », les touches **Pg Préc** et **Pg Suiv** sont pratiquement toujours marquées d'une flèche avec une extrémité particulière et orientée respectivement vers le haut ou le bas. Elles permettent de faire défiler le fichier en cours d'un écran à la fois vers le haut ou le bas. Le curseur est déplacé en conséquence.

Touches fléchées

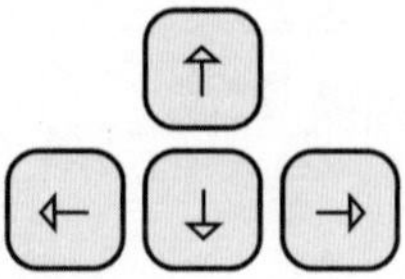

Marquées chacune d'une flèche simple dans une orientation distincte, ces quatre touches permettent un déplacement et un défilement progressifs.

◆ Dans un texte, les touches **Flèche Haut** et **Flèche Bas** déplacent le curseur d'une ligne vers le haut ou le bas. Les touches **Flèche Gauche** et **Flèche Droite** le décalent d'un caractère vers la gauche ou la droite.

◆ Dans une page Web, les touches **Flèche Haut** et **Flèche Bas** font défiler la page vers le début ou la fin. Quand cette page est trop large pour figurer en intégralité à l'écran, les touches **Flèche Gauche** et **Flèche Droite** la font défiler vers la gauche ou la droite.

◆ Dans de nombreux programmes, ces quatre touches fléchées permettent de déplacer tout élément graphique sélectionné d'un pixel vers le haut, le bas, la gauche ou la droite. Il peut notamment s'agir d'une partie d'image dans un logiciel de retouche comme Adobe Photoshop ou d'un objet WordArt dans un fichier Microsoft Word.

Objectif chiffres : les touches du pavé numérique

Touche Verr Num (Num Lock)

Abréviation de « verrouiller numérique », la touche permet successivement de verrouiller et déverrouiller le pavé numérique. Il vous suffit d'appuyer dessus. Selon qu'il est verrouillé ou non, le pavé numérique change radicalement de fonction :

◆ Quand le verrouillage est activé, le témoin **Num Lock** est allumé, et le pavé numérique se transforme en calculatrice. Dans un programme de calcul, il permet alors d'effectuer des calculs, comme avec une véritable calculatrice. Dans les autres applications de type traitement de texte, il permet simplement de saisir des nombres et des opérateurs.

CONSEIL

Pour bien comprendre le rôle du pavé numérique comme calculatrice, démarrez la Calculatrice Windows et tapez une banale opération en observant l'écran. Vous constaterez alors deux choses : d'une part, chaque appui sur une touche du pavé numérique enfonce la touche correspondante de la Calculatrice à l'écran, et d'autre part, les opérateurs ne s'affichent pas à l'écran, mais exécutent le calcul qu'ils matérialisent.

- Quand le verrouillage est désactivé, le témoin **Num Lock** est éteint, et les touches du pavé numérique marquées de deux inscriptions jouent le même rôle que les touches correspondantes du pavé directionnel. Taper la touche **9** permet ainsi de faire défiler le fichier d'un écran vers le haut.

Touches d'opérateurs

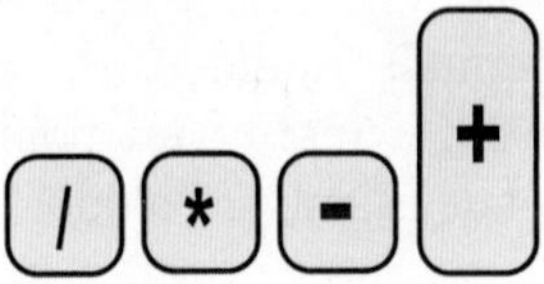

Les quatre touches d'opérateurs permettent d'insérer des signes mathématiques dans une application traditionnelle et de réaliser des calculs dans un programme de calcul :

- Touche marquée d'une barre oblique : signe de division.
- Touche marquée d'un astérisque : signe de multiplication.
- Touche marquée d'un tiret : signe de soustraction.
- Touche marquée d'un plus : signe d'addition.

Touches numériques

Les dix touches marquées **0**, **1**, **2**, **3**, **4**, **5**, **6**, **7**, **8** et **9** permettent tout simplement d'insérer les chiffres 0 à 9.

Touche Point

Dans un programme traditionnel, taper la touche **.** du pavé numérique revient à insérer un point depuis le pavé central. Dans un logiciel de calcul, elle ajoute le séparateur décimal.

Touche Entrée

Dans un programme traditionnel, taper la touche **Entrée** du pavé numérique revient généralement à appuyer sur la touche **Entrée** du pavé central. Dans un logiciel de calcul, elle correspond au signe d'égalité et permet d'obtenir le résultat de l'opération saisie.

LE SAVIEZ-VOUS ?

Dans des logiciels de retouche d'images comme Adobe Photoshop Elements, la touche **Entrée** du pavé numérique diffère de la touche **Entrée** du pavé central pendant les insertions de texte. La première valide le texte bloc de texte saisi, tandis que la seconde crée un nouveau paragraphe. Prudence, donc !

Touches particulières

Touche Echap (Esc)

Abréviation de « échapper », la touche **Echap** permet d'interrompre certaines actions en cours, de fermer un menu déroulé sans rien y sélectionner et de quitter une boîte de dialogue sans activer aucune des modifications apportées (au même titre qu'un clic sur le bouton **Annuler**). Par exemple, si vous appliquez un effet à une image dans Adobe Photoshop et que le logiciel met trop de temps à accomplir cette tâche, vous pouvez mettre un terme à la procédure et l'annuler en tapant sur la touche **Echap**.

Touche Impr écran (Print Screen)

Abréviation de « imprimer l'écran », la touche **Impr écran** permet de capturer en tant qu'image ce que vous voyiez à l'écran. Ces données graphiques sont stockées dans le Presse-papiers et peuvent être collées dans un fichier comme n'importe quel autre élément. Pour ajouter l'image de l'Explorateur Windows dans un document Microsoft Word, par exemple, affichez l'Explorateur, puis appuyez sur la touche **Impr écran** et relâchez-la. Revenez dans Word et collez l'écran à l'endroit souhaité comme n'importe quel texte, grâce au raccourci clavier **Ctrl+C**.

QUESTION RÉPONSE

Est-il possible de ne capturer aisément qu'une partie d'écran ? Oui. Vous pouvez capturer une boîte de dialogue active ou la fenêtre active d'un programme en maintenant la touche **Alt** enfoncée pendant que vous appuyez sur la touche **Impr écran**.

Touche Arrêt défil (Scroll Lock)

Abréviation de « arrêter le défilement », la touche **Arrêt défil** n'a plus d'utilité sous Windows. Sous DOS, elle servait à verrouiller et déverrouiller successivement la fonction de défilement. Quand cette touche est activée, le témoin **Scroll Lock** s'allume dans l'angle supérieur droit du clavier.

QUESTION RÉPONSE

DOS *(Disk Operating System)*. Système d'exploitation en mode texte qui a longtemps constitué le principal système d'exploitation pour PC et opéré sous Windows, qui constituait une interface beaucoup plus conviviale. Windows XP s'est affranchi du DOS et peut fonctionner de manière autonome, contrairement à toutes les versions précédentes.

Touche Pause

La touche **Pause** n'a plus d'utilité sous Windows, si ce n'est employée conjointement à d'autres touches. Par exemple, si vous la maintenez enfoncée et que vous tapez la touche **Windows**, la boîte de dialogue **Propriétés système** apparaît. Sous DOS, la touche **Pause** servait à interrompre une action en cours, notamment l'affichage du contenu d'un dossier.

Résumé

De la touche **Entrée** à la touche **Alt** en passant par les touches de fonction et celles du pavé numérique, plus aucune n'a de secret pour vous. Vous pouvez localiser celles dont vous avez besoin, et vous connaissez le rôle de chacune. L'étape suivante consiste donc à mettre en pratique toutes ces connaissances théoriques en apprenant concrètement à saisir des caractères.

ETAPE 3

J'apprends à utiliser toutes les touches

DANS CETTE ÉTAPE :

- Bien s'installer pour ne pas se fatiguer
- Apprendre à saisir des lettres et des chiffres élémentaires
- Apprendre à saisir des majuscules et des caractères particuliers
- Apprendre à saisir des caractères qui n'apparaissent sur aucune touche

Depuis l'étape 2, vous connaissez la fonction de chaque touche. Reste à bien utiliser ces dernières. Ici, nous vous proposons une méthode d'apprentissage étape par étape, fondée sur de petits exercices pratiques. Vous découvrez les grands principes de saisie, que nous reverrons et approfondirons dans les étapes ultérieures.

Pour une saisie sans douleur

Placez correctement votre corps et vos bras

Vous voici donc assis devant votre clavier et prêt à saisir vos premiers caractères. Pas de précipitation ! Commencez par vous installer correctement, afin d'éviter les fatigues inutiles, les tensions musculaires et les tendinites.

1 Ajustez la hauteur de votre siège : vos coudes doivent se trouver légèrement plus haut que vos poignets.

2 Si votre clavier possède un système qui permet de l'incliner en surélevant sa partie arrière, testez les différentes positions possibles et adoptez celle qui vous convient le mieux.

3 Ajustez votre écran de façon à éviter au maximum les mouvements de la tête de haut en bas, et de bas en haut, et à épargner ainsi vos cervicales.

4 Placez vos bras de telle sorte que vos poignets ou vos avant-bras soient soutenus. Si votre clavier n'intègre pas de repose-poignets, offrez-vous cet accessoire dans les plus brefs délais. Vous pouvez en acquérir dans de nombreux magasins d'informatique et de fournitures de bureau, et sur l'Internet. Par la même occasion, vous pouvez également acquérir un tapis de souris avec repose-poignets.

Figure 3-1 Repose-poignets

5 Calez bien votre dos contre le dossier de votre siège si celui-ci en comporte un et redressez-vous. Vous êtes prêt !

Choisissez la méthode de saisie qui vous convient

Les dactylographes confirmés utilisent leurs dix doigts pour saisir des textes très rapidement, sans même regarder les touches. Si vous ne faites pas partie de cette élite, vous êtes libre d'adopter la méthode de saisie qui vous convient le mieux : deux doigts, en regardant les touches, *etc.* Si vous souhaitez néanmoins améliorer votre technique de saisie et devenir plus efficace dans cette tâche, commencez par respecter les quelques principes de base suivants :

- Placez votre index gauche sur la touche **F**, et les doigts suivants de la main gauche sur les touches **D**, **S** et **Q**. Placez votre index droit sur la touche **J**, et les doigts suivants de la main droite sur les touches **K**, **L** et **M**.
- Pour taper des touches des rangées supérieures et inférieures, faites bouger vos index, majeurs, annulaires et auriculaires en conséquence.
- Pour appuyer sur la **barre d'espace**, utilisez votre pouce.
- Pour activer la touche **Maj** et saisir ainsi une majuscule, utilisez l'auriculaire de la main opposée à celle qui tapera le caractère principal. Pour saisir un R, par exemple, enfoncez la touche **R** avec l'index gauche tout en maintenant la touche **Maj** appuyée avec l'auriculaire droit.

Vous pouvez par ailleurs acquérir peu à peu une excellente technique de frappe en recourant à un logiciel d'apprentissage de la saisie. En consacrant quelques minutes par jour à vous perfectionner, vous gagnerez au final beaucoup de temps dans toutes vos opérations de saisie. Les programmes d'apprentissage de la saisie les plus complets proposent à la fois des exercices, des textes en français et en anglais, et des dictées vocales.

Dans ce domaine, Tap'Touche est un excellent logiciel. Avant d'investir, vous pouvez le tester en téléchargeant une version de démonstration gratuite depuis :
`http://telecharger.01net.com/windows/Loisirs/enseignement_assiste_par_ordinateur/fiches/22712.html`.

Si vous constatez finalement que ce logiciel vous convient, rendez-vous sur un site Web comme `www.amazon.fr` ou `www.alapage.com`, où vous pourrez vous procurer la version complète pour 25 euros, environ.

Comment saisir tous ces caractères qui figurent sur le clavier ?

La manière d'insérer dans un document un caractère alphanumérique visible sur le clavier dépend de la position de ce caractère sur la face de la touche :

- Caractère seul sur la touche ou inscrit dans l'angle inférieur gauche de celle-ci : appui unique sur la touche.
- Caractère inscrit dans l'angle supérieur gauche d'une touche : appui simultané sur cette touche et sur la touche **Maj**.
- Caractère inscrit dans l'angle inférieur droit d'une touche : appui simultané sur cette touche et sur la touche **Alt Gr**.

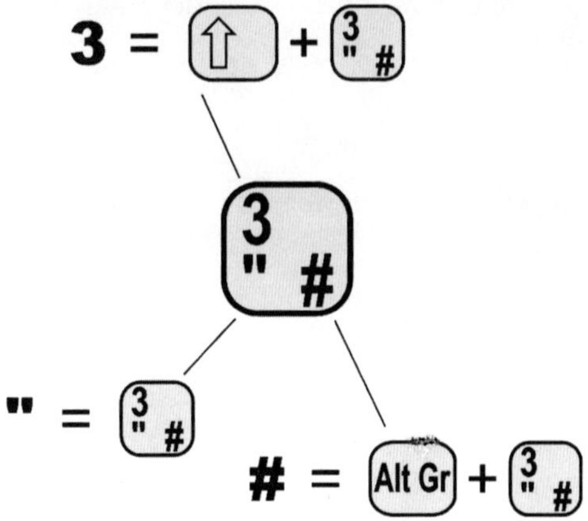

Figure 3-2 Utilisation des touches alphanumériques marquées de trois caractères

Voyons sans tarder chacune de ces techniques en détail.

Caractères simples : une seule touche suffit

Nous entendons par « caractères simples » tous les caractères alphanumériques qui figurent seuls sur une touche ou qui apparaissent dans l'angle inférieur gauche des touches marquées de plusieurs caractères. Citons par exemple le t et la parenthèse ouvrante (. Nous incluons également dans cette catégorie l'espace, généré par le biais de la **barre d'espace**.

Pour insérer un caractère simple à l'écran, il suffit de taper la touche correspondante et de la relâcher aussitôt. Si vous maintenez la touche enfoncée trop longtemps, le caractère se répète tant que vous ne retirez pas votre doigt. Attention ! ne vous méprenez pas sur les touches du pavé central qui affichent une lettre capitale : même si vous y voyez une majuscule, taper l'une d'elles produit un caractère minuscule à l'écran.

Exercez-vous !

Pour bien comprendre ces explications théoriques, voyons de suite comment vous devez procéder pour afficher **l'être aimé** :

NOTE

Vous pouvez réaliser les exercices pratiques de cette étape dans un programme comme Microsoft Word ou, tout simplement, le Bloc-notes de Windows.

1 Pour insérer le l, appuyez sur la touche **L** et relâchez-la.

2 Pour insérer l'apostrophe, appuyez sur la touche **'** (cinquième touche de la première ligne du pavé central) et relâchez-la.

3 Pour générer le ê, appuyez sur la touche **^**, relâchez-la, appuyez sur la touche **E** et relâchez-la. À ce moment, seulement, apparaît le ê. La touche **^** ne produit en effet de caractère qu'associée à une autre touche. Vous devez toujours la taper *avant* de taper le caractère à accentuer.

LE SAVIEZ-VOUS ?

Vous pouvez saisir un accent circonflexe isolé en tapant la touche ^ et en appuyant aussitôt après sur la **barre d'espace**.

4 Pour insérer les lettres tre, appuyez successivement sur les touches **T**, **R** et **E**.

5 Pour ajouter un espace, appuyez sur la **barre d'espace** et relâchez-la.

6 Pour insérer les lettres aim, appuyez successivement sur les touches **A**, **I** et **M**.

7 Pour insérer le é, appuyez sur la touche **é** (troisième touche de la première ligne du pavé central) et relâchez-la.

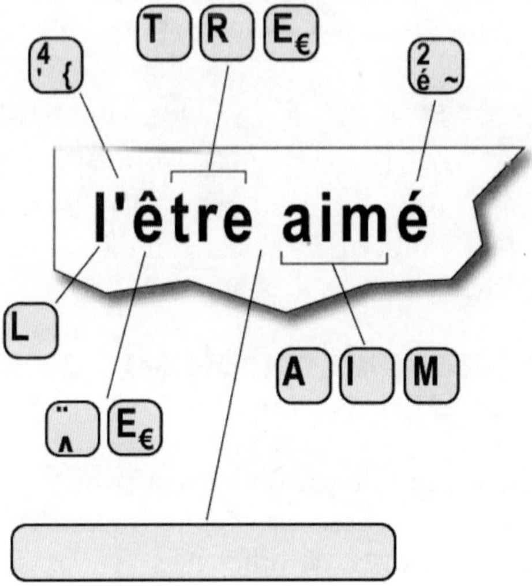

Chiffres

La plus simple manière de saisir des chiffres consiste à utiliser le pavé numérique.

1 Pour verrouiller le pavé numérique s'il ne l'est pas (le témoin **Num Lock** doit être allumé), tapez la touche **Verr Num** et relâchez-la.

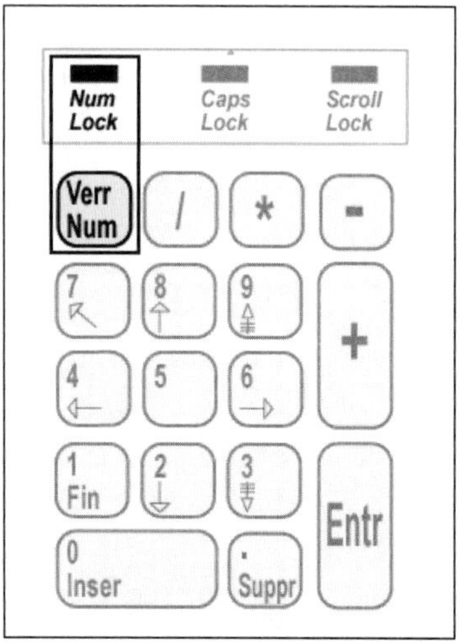

2 Appuyez sur la touche du chiffre à insérer et relâchez-la.

Si vous le préférez, vous pouvez saisir des chiffres depuis la ligne supérieure du pavé central grâce à l'utilisation conjointe de la touche **Maj**. Procédez alors comme l'explique la section « *Caractères majuscules* », ci-après.

Caractères plus complexes : au moins deux touches s'imposent

Beaucoup de caractères s'obtiennent en appuyant simultanément sur plusieurs touches. Par la suite, vous découvrirez également les *raccourcis clavier* de différentes actions. Pour indiquer que vous devez enfoncer plusieurs touches à la fois, il est fréquent de citer les touches en les séparant par un signe + ou un tiret -, comme **Ctrl+N** (dans de nombreux logiciels, ce raccourci crée un nouveau document). Dans de telles situations, vous ne devez pas taper le + ni le - : il faut juste appuyer sur la touche **N** en maintenant la touche **Ctrl** enfoncée.

TERME À CONNAÎTRE

Raccourci clavier. Combinaison de touches qui permet d'exécuter rapidement une action et évite de devoir activer la commande correspondante avec la souris. Il existe de nombreux raccourcis clavier pour ouvrir des boîtes de dialogue, notamment.

Caractères majuscules

La technique de saisie des majuscules permet de générer deux types de caractères :

- Des lettres capitales à partir des touches du pavé central où ne figure qu'une seule lettre, comme **D** et **N**.
- Les caractères qui se trouvent dans l'angle supérieur gauche des touches marquées de plusieurs caractères, comme **è** et **$**.

Les majuscules se génèrent grâce à la touche **Maj**, employée conjointement à la touche du caractère à insérer :

1. Appuyez sur la touche **Maj** et maintenez-la enfoncée.
2. Sans relâcher la touche **Maj**, tapez la touche du caractère à générer et relâchez-la. Tapez ainsi la touche **P** pour insérer un P majuscule, et la touche **ç** pour insérer un 9.
3. Relâchez la touche **Maj**.

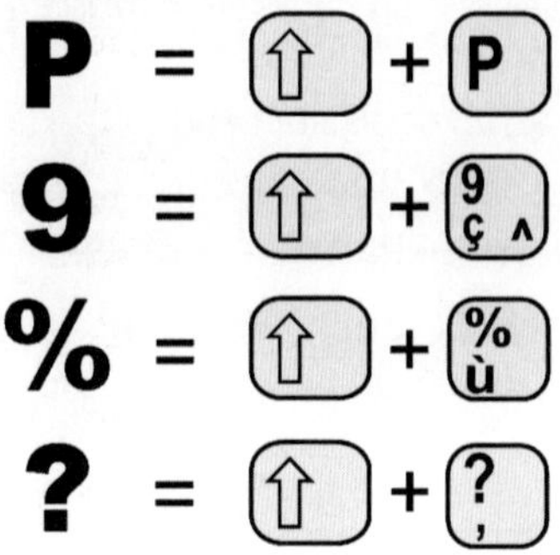

NOTE Les majuscules accentuées É, È et À ne s'obtiennent pas en appuyant simultanément sur la touche **Maj** et sur la touche **é**, **è** ou **à**. Pour insérer ces caractères, vous devez recourir à la touche **Alt**, comme l'explique la section *« Comment saisir ces caractères que je ne vois pas sur mon clavier ? »*, plus loin dans cette étape.

Arrêtons-nous un petit instant sur la touche **^** où figure également le tréma. Elle fonctionne en mode Majuscule selon le même principe que celui décrit à la section consacrée aux caractères simples : pour obtenir un caractère surmonté d'un tréma, vous devez commencer par générer l'accent, puis le caractère. Pour insérer un ü, par exemple, vous devez *d'abord* appuyer sur la touche **^** en maintenant la touche **Maj** enfoncée, puis relâcher celle-ci et taper la touche **U**. Il est possible d'afficher un ¨ seul en appuyant sur la touche **^** tout en maintenant la touche **Maj** enfoncée, puis en relâchant celle-ci et en tapant la **barre d'espace**.

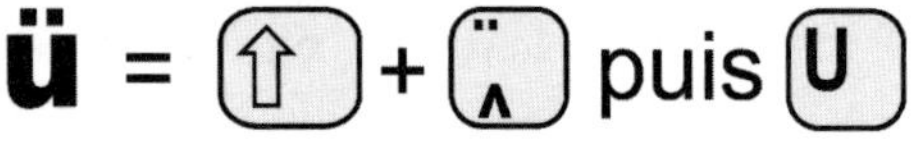

Figure 3-3 Saisie d'un caractère surmonté d'un tréma

Lorsque vous devez saisir beaucoup de majuscules à la suite, vous pouvez gagner un temps précieux grâce à touche **Verr Maj**, qui évite de devoir appuyer constamment sur la touche **Maj** :

1 Appuyez sur la touche **Verr Maj** et relâchez-la. Dans l'angle supérieur droit du clavier, le témoin **Caps Lock** s'allume, indiquant que vous travaillez en mode Majuscule.

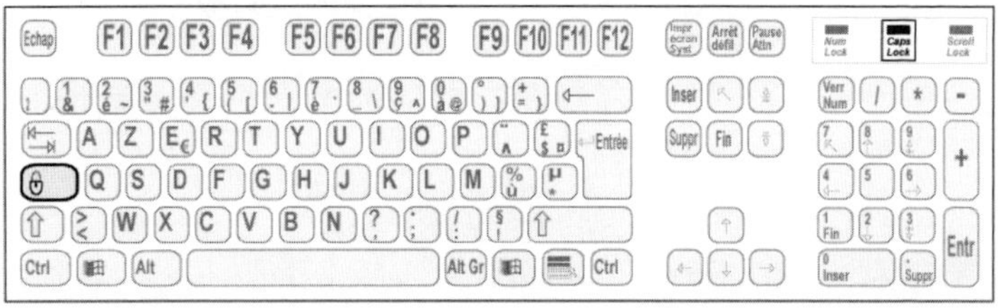

2 Tapez la touche du premier caractère à saisir en majuscule et relâchez-la.

3 Répétez l'étape 2 pour chaque nouveau caractère à saisir en majuscule. Pour obtenir MERCI, par exemple, tapez la touche **M** à l'étape 1, puis appuyez successivement sur les touches **E**, **R**, **C** et **I**.

4 Après avoir saisi tous les caractères majuscules souhaités, appuyez sur la touche **Verr Maj** et relâchez-la. Si le témoin **Caps Lock** ne s'éteint pas, tapez la touche **Maj** et relâchez-la. Le mode Majuscule est désormais désactivé.

CONSEIL

Soyez prudent dans l'utilisation de la touche **Verr Maj**. Il est fréquent d'activer le mode Majuscule, de saisir gaillardement son texte et d'oublier qu'une fois ce mode en vigueur, la touche **,** ne génère plus un point-virgule, mais un point d'interrogation, ou que les touches de la ligne supérieure du pavé central produisent désormais des chiffres. Attention aux mauvaises surprises !

Et ce troisième caractère sur certaines touches ?

Si les caractères qui occupent l'angle inférieur droit de certaines touches vous intriguent, la fin de vos inquiétudes est proche. Pour insérer ces caractères, il vous suffit d'apprendre à utiliser la touche **Alt Gr** :

1 Appuyez sur la touche **Alt Gr** et maintenez-la enfoncée.

2 Sans relâcher la touche **Alt Gr**, tapez la touche du caractère à générer et relâchez-la. Tapez ainsi la touche **à** pour insérer un arobase @, ou la touche **'** pour insérer une accolade ouvrante {.

3 Relâchez la touche **Alt Gr**.

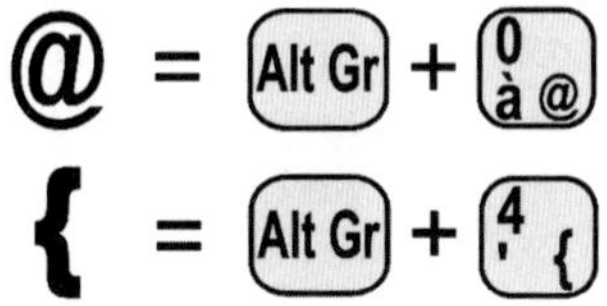

Dans la catégorie des touches insérables avec la touche **Alt Gr**, deux méritent une attention particulière :

- **Touches é et è.** Comme l'accent circonflexe, le tilde ~ au-dessus de certaines lettres espagnoles, notamment, et l'accent grave sur des lettres comme ì se tapent *avant* le caractère qu'ils devront surmonter, et leur touche ne produit un effet qu'au moment où vous tapez la suivante. Pour générer un ñ, par exemple, vous devez d'abord appuyer sur la touche **é** tout en maintenant la touche **Alt Gr** enfoncée, puis relâcher celle-ci et taper la touche **N**. Vous pouvez également afficher un ~ ou un ` seul en appuyant respectivement sur la touche **é** ou **è** tout en maintenant la touche **Alt Gr** enfoncée, puis en relâchant celle-ci et en tapant la **barre d'espace**.

ñ = Alt Gr + 2 é ~ puis N

ì = Alt Gr + 7 è ` puis I

- **Touche ç.** Ne confondez pas cette touche avec la touche **^**, vue à la section consacrée aux caractères simples : elle n'insère pas d'accent circonflexe sur une lettre, mais bien plutôt le symbole mathématique ^ qui désigne une exponentielle. 3^2 signifie ainsi exactement la même chose que 3^2, soit 9.

Comment saisir ces caractères que je ne vois pas sur mon clavier ?

Différents programmes, comme Microsoft Word ou Microsoft PowerPoint, proposent une commande d'insertion de caractères spéciaux, qui permet d'ajouter des caractères absents du clavier par le biais d'une boîte de dialogue conviviale. Ces mêmes logiciels intègrent par ailleurs une fonction appelée **Correction automatique** qui convertit systématiquement certaines combinaisons de caractères en symboles. Par exemple, si vous tapez (R) dans un document Word, ces trois caractères se transforment instantanément en ®.

Néanmoins, beaucoup de logiciels, et en particulier ceux qui ne sont pas orientés saisie, comme Jasc Paint Shop Pro, ne proposent aucune commande de ce type. Vous devez alors recourir à votre seul clavier et à la précieuse touche **Alt**. Voici comment procéder pour saisir des caractères absents du clavier, tels que É ou ® :

1 Pour verrouiller le pavé numérique s'il ne l'est pas (le témoin **Num Lock** doit être allumé), tapez la touche **Verr Num** et relâchez-la.

2 Appuyez sur la touche **Alt** et maintenez-la enfoncée.

3 Sans relâcher la touche **Alt**, tapez la touche **0** dans le pavé numérique et relâchez-la.

4 En maintenant la touche **Alt** enfoncée, tapez successivement les touches marquées des chiffres qui constituent le code ASCII (consultez la section *« Touche Alt »*, dans l'étape 2) dans le pavé numérique. Tapez ainsi les touches **2**, **0** et **1** pour insérer un É, ou les touches **1**, **7** et **4** pour générer un ®.

5 Relâchez la touche **Alt**.

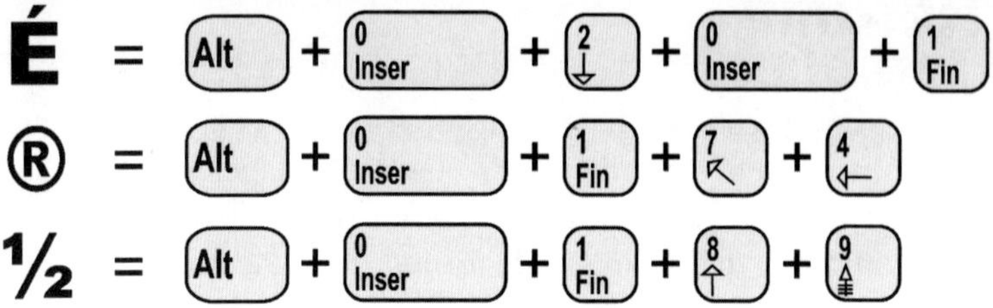

Voici quelques codes ASCII, parmi les plus utiles.

Caractère	Code ASCII
À	192
Á	193
È	200
É	201
œ	156
æ	230
¶	182
™	153
©	169
®	174
¼	188
½	189
¾	190

Résumé

Votre première phase pratique d'apprentissage est terminée. Vos doigts sont désormais capables d'aller taper les bonnes touches pour faire apparaître les caractères souhaités à l'écran. Peu importe qu'il s'agisse de majuscules, de drôles de caractères, comme le tilde, ou de lettres invisibles sur le clavier. Vous êtes prêt à entrer dans l'univers de Word pour y aborder de nouvelles tâches de saisie et découvrir quantités d'occasions de vous passer de la souris.

ETAPE 4

Je saisis du texte dans Word

DANS CETTE ÉTAPE :

- Adopter un affichage qui facilite la saisie
- Saisir toutes sortes de caractères
- Créer des paragraphes
- Créer des pages
- Inscrire un texte en colonne
- Ajouter des notes et des commentaires

Maintenant que vous savez saisir les différents types de caractères, le moment est venu de mettre toutes ces connaissances en application dans un logiciel particulièrement adapté : Microsoft Word. Après avoir lu cette étape, vous serez capable de saisir n'importe quel texte et de le disposer correctement.

Choisissez le bon affichage

Avant d'aborder la saisie proprement dite dans Microsoft Word, nous vous proposons de configurer votre environnement de travail de telle sorte qu'il vous facilite la tâche. Premièrement, affichez les *marques de format* : cela vous évitera quantité d'erreurs pendant la frappe. Pour cela, faites un petit détour par la souris et cliquez sur le bouton **Afficher/Masquer** ¶ dans la barre d'outils **Standard**.

TERME À CONNAÎTRE

Marque de format. Symbole visible uniquement à l'écran (il n'apparaît donc pas sur les épreuves imprimées) qui matérialise divers éléments de mise en page. Citons par exemple les espaces matérialisés par un point noir, les fins de paragraphes signalées par la marque ¶ et les tabulations matérialisées par une fine flèche orientée vers la droite.

Deuxièmement, affichez le document en mode Page, afin de visualiser clairement les limites de chaque page :

1 Appuyez sur la touche **Ctrl** et ne la relâchez pas.

2 En maintenant la touche **Ctrl** enfoncée, tapez la touche **Alt** et maintenez-la enfoncée, elle aussi.

3 Sans relâcher les touches **Ctrl** et **Alt**, tapez la touche **P** et relâchez-la.

4 Relâchez les touches **Ctrl** et **Alt**.

NOTE

Une fois expert en saisie (ou presque !), vous préférerez sans doute travailler en mode Normal, souvent plus efficace, dans la mesure où il permet une meilleure visualisation du texte dans sa continuité. Tout en maintenant les touches **Ctrl** et **Alt** enfoncées, tapez alors la touche **N**.

QUESTION RÉPONSE

Comment visualiser mon document page par page et savoir ainsi si mon texte est bien réparti ? Utilisez le mode Aperçu avant impression. En maintenant la touche **Ctrl** enfoncée, tapez la touche **F2**, puis relâchez les deux touches. Utilisez ensuite les touches **Pg Suiv** et **Pg Préc** pour passer d'une page à l'autre. Vous pouvez à tout moment revenir en mode Page en tapant de nouveau le raccourci clavier **Ctrl+F2**.

Caractères simples et complexes : sachez tous les saisir !

Plutôt que de passer une à une en revue les touches assez délicates à utiliser, nous vous proposons de revoir les principaux types de caractères qui peuvent poser problème par le biais de petits exercices. Cela vous permettra à la fois de revoir au fur et à mesure la saisie de caractères élémentaires et de consolider les connaissances acquises au cours de l'étape 3.

NOTE

Pour réaliser tous les exercices ci-dessous, n'hésitez pas à créer un nouveau document. Il vous suffit de taper la touche **N** tout en maintenant la touche **Ctrl** enfoncée.

Saisissez un mot composé

Les mots composés sont constitués par au moins deux termes, séparés par un, voire plusieurs traits d'union. Sauriez-vous saisir ces symboles ? Dans la première ligne du pavé central, deux touches situées sont marquées d'un petit trait horizontal : **-** et _. Pourtant, seule l'une d'elle convient ici : **-** (celle où figure un 6). L'autre (marquée d'un 8) n'insère pas de trait d'union, mais un caractère de soulignement. Voici par exemple comment saisir le mot « porte-clés ».

1 Tapez successivement les touches **P**, **O**, **R**, **T** et **E**. *N'appuyez pas* sur la **barre d'espace** : le trait d'union doit suivre immédiatement le e.

2 Appuyez sur la touche – et relâchez-la. Là non plus, *n'appuyez pas* sur la **barre d'espace** : le deuxième mot doit commencer juste après le trait d'union.

3 Tapez successivement les touches **C**, **L**, **é** et **S**.

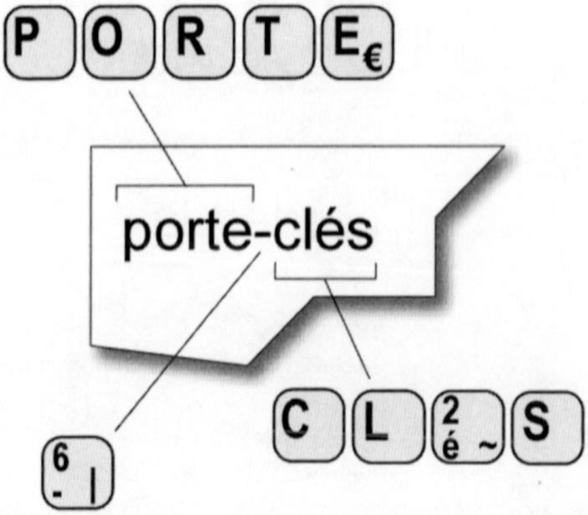

Quand un mot composé se retrouve en fin de ligne et qu'il ne peut tenir en intégralité sur cette ligne, Word le scinde au niveau d'un tiret. Dans certains cas, vous voudrez empêcher cette scission. Vous devez alors insérer un *trait d'union insécable*.

TERME À CONNAÎTRE

Trait d'union insécable. Tiret qui indique à Word de considérer les caractères précédant et suivant ce symbole, ainsi que le trait d'union, comme un mot unique.

Ironie du sort, il faut cette fois recourir à la touche _, car les traits d'union insécables se créent grâce au raccourci clavier **Ctrl**+_. Voyons comment saisir « gardez-la » avec un trait d'union insécable.

1 Tapez successivement les touches **G**, **A**, **R**, **D**, **E** et **Z**.

2 Appuyez sur la touche **Ctrl** et ne la relâchez pas.

3 En maintenant la touche **Ctrl** enfoncée, tapez la touche _ et relâchez-la. Un trait d'union insécable apparaît : il est matérialisé par un tiret légèrement plus long et plus fin que les traits d'union traditionnels.

4 Relâchez la touche **Ctrl**.

5 Tapez successivement les touches **L** et **A**.

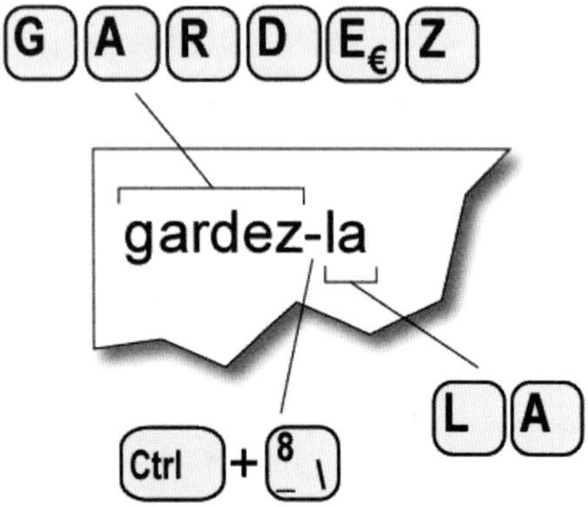

Saisissez une question

Toutes les questions se terminent par un point d'interrogation. Celui-ci faisant partie des caractères majuscules sur le clavier, vous devez utiliser la touche **Maj** pour le saisir. Par ailleurs, comme tous les signes de ponctuation doubles, tels que le point d'exclamation et le point-virgule, le point d'interrogation doit être précédé d'un espace… mais pas n'importe lequel. Pour être certain que Word inscrira le point d'interrogation sur la même ligne que le mot qui précède et ne pas risquer un point d'interrogation isolé en début de ligne, vous devez absolument insérer un *espace insécable* grâce au raccourci clavier **Ctrl+Maj+barre d'espace**.

TERME À CONNAÎTRE

Espace insécable. Espace qui indique à Word de considérer les caractères précédant et suivant ce symbole, ainsi que l'espace, comme un objet unique à ne pas séparer.

Prenons la question « Qui est venu ? ».

1 Pour saisir la première lettre majuscule, appuyez sur la touche **Maj** et maintenez-la enfoncée.

2 Sans relâcher la touche **Maj**, appuyez sur la touche **Q** et relâchez-la.

3 Relâchez la touche **Maj**.

4 Tapez successivement les touches **U** et **I**.

5 Pour permettre à Word d'inscrire le mot « Qui » sur une ligne et le mot « est » sur la suivante si nécessaire, appuyez simplement sur la **barre d'espace** et relâchez-la, afin d'insérer un espace traditionnel.

6 Tapez successivement les touches **E**, **S** et **T**.

7 Appuyez de nouveau sur la **barre d'espace** et relâchez-la pour insérer un espace traditionnel.

8 Tapez successivement les touches **V**, **E**, **N** et **U**.

9 Pour ajouter un espace insécable, appuyez sur la touche **Ctrl** et maintenez-la enfoncée.

10 Sans relâcher la touche **Ctrl**, tapez la touche **Maj** et maintenez-la enfoncée, elle aussi.

11 Sans relâcher les touches **Ctrl** et **Maj**, appuyez sur la **barre d'espace**. Un espace insécable apparaît : il est matérialisé par un petit rond, et non par un point comme les espaces traditionnels.

CONSEIL

Si vous avez activé les guillemets français (consultez la section « *Saisissez une citation* », plus loin dans cette étape), Word insère systématiquement un espace insécable avant tous les signes de ponctuation doubles dès que vous tapez ces derniers. Évitez tout de même de vous en remettre à Word et prenez de bonnes habitudes en insérant vous-même l'espace. Cela vous permettra notamment de mémoriser comment ajouter un espace insécable et que celui-ci est indispensable avant un point d'interrogation.

12 Relâchez la touche **Ctrl**, mais pas **Maj**, car elle servira pour le point d'interrogation.

13 En maintenant la touche **Maj** enfoncée, tapez la touche **,** et relâchez-la.

14 Relâchez la touche **Maj**, et vous êtes quitte !

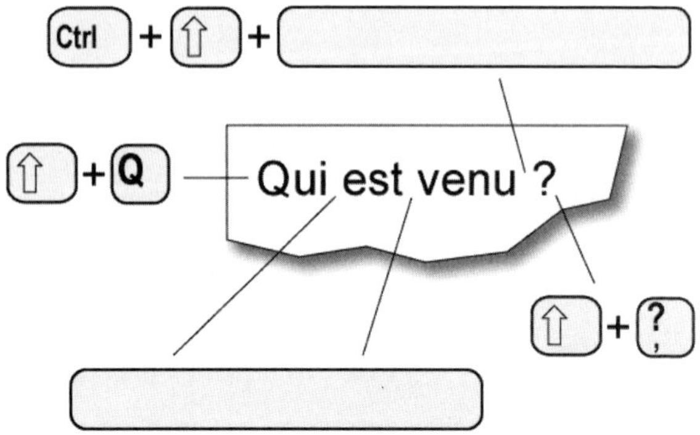

Saisissez un mot avec des lettres accentuées

Selon la nature de la lettre accentuée à saisir, la technique à utiliser diffère. Voyons d'abord les minuscules.

- Les minuscules é, è, à et ù s'insèrent en tapant simplement la touche correspondante.
- Les minuscules dotées d'un accent circonflexe s'obtiennent en tapant d'abord la touche **^**, puis la touche de la lettre.
- Les minuscules dotées d'un tréma s'obtiennent en appuyant d'abord sur la touche **^** tout en maintenant la touche **Maj** enfoncée, puis sur la touche de la lettre.
- Les minuscules dotées d'un tilde s'obtiennent en appuyant d'abord sur la touche **é** tout en maintenant la touche **Alt Gr** enfoncée, puis sur la touche de la lettre.
- Les minuscules dotées d'un accent grave et autres que è, à et ù s'insèrent en appuyant d'abord sur la touche **è** tout en maintenant la touche **Alt Gr** enfoncée, puis sur la touche de la lettre.

Voyons maintenant les majuscules.

- Les majuscules dotées d'un accent aigu ou grave s'insèrent grâce en tapant leur code ASCII précédé de 0 depuis le pavé numérique tout en maintenant la touche **Alt** enfoncée (consultez la section « *Comment saisir ces caractères que je ne vois pas sur mon clavier ?* », à l'étape 3).

- Les majuscules dotées d'un accent circonflexe, d'un tréma ou d'un tilde s'obtiennent en générant d'abord l'accent comme expliqué ci-dessus pour les minuscules accentuées, puis en tapant la touche de la lettre tout en maintenant la touche **Maj** enfoncée.

Voici un petit exercice qui vous permettra de vous assurer que vous avez compris tous ces principes, fort simples au demeurant. L'objectif est de saisir « Être là où est Éric. »

1 Tapez la touche **^** et relâchez-la.

2 Appuyez sur la touche **Maj** et maintenez-la enfoncée.

3 Sans relâcher la touche **Maj**, tapez la touche **E** et relâchez-la. Le Ê apparaît.

4 Relâchez la touche **Maj**.

5 Tapez successivement les touches **T**, **R** et **E**, puis la **barre d'espace** et la touche **L**.

6 Pour générer le à, tapez simplement la touche **à** et relâchez-la.

7 Tapez successivement la **barre d'espace** et la touche **O**.

8 Pour créer le ù, appuyez juste sur la touche **ù** et relâchez-la.

9 Tapez successivement la **barre d'espace**, puis les touches **E**, **S**, **T** et de nouveau la **barre d'espace**.

10 Pour générer le É, commencez par vous assurer que le pavé numérique est verrouillé : le témoin **Num Lock** doit être allumé. S'il ne l'est pas, appuyez sur la touche **Verr Num** et relâchez-la.

11 Tapez la touche **Alt** et maintenez-la enfoncée.

12 Le code ASCII du É étant le 201, tapez successivement les touches **0**, **2**, **0** et **1** sur le pavé numérique tout en maintenant la touche **Alt** enfoncée.

13 Relâchez la touche **Alt**. Le É apparaît.

14 Tapez successivement les touches **R**, **I** et **C**. Il ne reste plus qu'à saisir le point final, qui suit immédiatement le mot « Éric ». N'insérez jamais d'espace avant le point qui termine une phrase.

15 Appuyez sur la touche **Maj** et maintenez-la enfoncée.

16 Sans relâcher la touche **Maj**, tapez la touche **;** et relâchez-la.

17 Relâchez la touche **Maj**. Votre exercice est terminé !

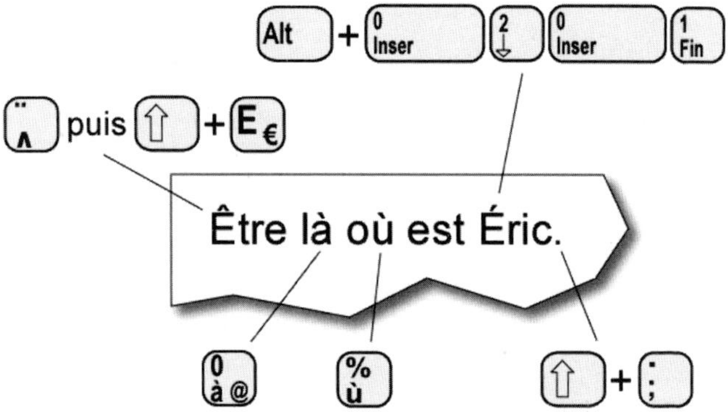

LE SAVIEZ-VOUS ?

Pour insérer trois points de suspension, il suffit de répéter les étapes 15 à 17, en tapant trois fois la touche **;** à l'étape 16. Word les transforme alors systématiquement en ellipse, véritable caractère à utiliser pour représenter des points de suspension.

Saisissez une citation

La plupart du temps, les citations s'inscrivent entre guillemets. Ceux-ci peuvent être soit anglais, soit français :

- Les guillemets anglais ouvrants et fermants sont absolument identiques, et se présentent sous la forme de deux petits traits verticaux. Il n'y a aucun espace entre le texte entre guillemets et les guillemets eux-mêmes, comme ici : "guillemets anglais".
- Les guillemets français apparaissent sous la forme d'une paire de chevrons, la version ouvrante s'opposant à la version fermante. Le texte entre guillemets est précédé et suivi d'un espace insécable, comme ici : « guillemets français ».

Pourtant, regardez bien : le clavier ne propose qu'une seule touche pour les guillemets : la touche **"**, dans la première ligne du pavé central. Comment obtenir alors les guillemets que l'on souhaite ?

Tout d'abord, vous devez indiquer à Word le type de guillemets que vous désirez utiliser. Cliquez pour ce faire sur **Outils → Options de correction automatique** et, dans les onglets **Lors de la frappe** et **Mise en forme automatique**, cochez ou décochez l'option **Guillemets " par des guillemets « »**, selon les guillemets que vous désirez utiliser. Dans les textes français, il est bien sûr de bon ton d'employer des guillemets français… C'est ce que nous ferons ici. Validez ensuite votre choix en cliquant sur **OK**.

LE SAVIEZ-VOUS ?

Le paramètre **Guillemets " par des guillemets « »** définit également l'apparence des apostrophes. Si vous cochez l'option, appuyer sur la touche **'** génère une apostrophe arrondie (préférable dans les textes français). Si vous décochez l'option, en revanche, taper la même touche produit une apostrophe droite.

Cela fait, il ne reste plus qu'à taper la touche **"** avant et après le texte à encadrer par des guillemets. Dans le cas de guillemets français, Word se charge d'insérer la bonne version (ouvrante ou fermante) et d'ajouter l'espace requis. C'est ce que vous allez découvrir en saisissant cette citation de Julien Green : « L'oubli est une grâce. »

1. Appuyez sur la touche **"** et relâchez-la. Word insère des guillemets ouvrants, suivis d'un espace.
2. Pour créer le L majuscule, appuyez sur la touche **Maj** et maintenez-la enfoncée.
3. Sans relâcher la touche **Maj**, tapez la touche **L** et relâchez-la.
4. Relâchez la touche **Maj**.
5. Pour insérer l'apostrophe, appuyez sur la touche **'** et relâchez-la. Notez à cette occasion qu'il ne faut ajouter d'espace ni avant ni après les apostrophes.
6. Saisir les caractères suivants est un jeu d'enfants. Tapez successivement les touches **O**, **U**, **B**, **L** et **I**, la **barre d'espace**,

les touches **E**, **S** et **T**, la **barre d'espace**, les touches **U**, **N** et **E**, la **barre d'espace** et les touches **G** et **R**.

7 Vous souvenez-vous de la manière d'insérer le â ? Appuyez sur la touche **^** et relâchez-la.

8 Tapez la touche **A** et relâchez-la. Le â apparaît.

9 Tapez successivement les touches **C** et **E**.

10 Il ne reste plus qu'à saisir le point final qui, rappelons-le, ne doit être précédé d'aucun espace. Appuyez sur la touche **Maj** et maintenez-la enfoncée.

11 Sans relâcher la touche **Maj**, tapez la touche **;** et relâchez-la.

12 Relâchez la touche **Maj**.

13 Appuyez finalement sur la touche **"** et relâchez-la. Word termine la citation en insérant des guillemets fermants, précédés d'un espace.

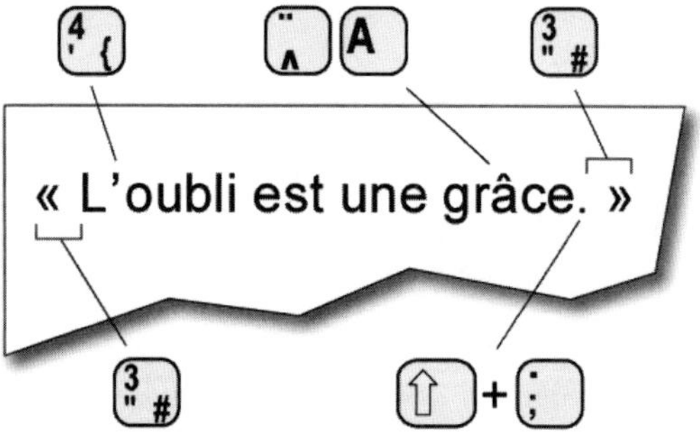

Saisissez une date

Nous prendrons ici l'exemple d'une date écrite en toutes lettres, comme « Paris, jeudi 9 janvier 2003 ».

1 Pour créer le P majuscule, appuyez sur la touche **Maj** et maintenez-la enfoncée.

2 Sans relâcher la touche **Maj**, tapez la touche **P** et relâchez-la.

3 Relâchez la touche **Maj**.

4 Tapez successivement les touches **A**, **R**, **I** et **S**.

5 Pour ajouter la virgule qui doit suivre immédiatement la lettre s (ne tapez surtout pas la **barre d'espace**), appuyez sur la touche **,** et relâchez-la.

6 S'il ne faut pas d'espace avant les virgules, vous devez en revanche impérativement en ajouter un après. Appuyez par conséquent sur la **barre d'espace** et relâchez-la.

7 Tapez successivement les touches **J**, **E**, **U**, **D** et **I**, puis la **barre d'espace**.

CONSEIL

Si la date se trouve à un endroit où Word risque de la répartir sur deux lignes, saisissez des espaces insécables à la place des espaces traditionnels avant et après « janvier » (consultez la section *« Saisissez une question »*, plus tôt dans cette étape).

8 Pour éviter un détour par le pavé numérique, saisissez le 9 depuis le pavé central. Appuyez pour ce faire sur la touche **Maj** et maintenez-la enfoncée.

9 Sans relâcher la touche **Maj**, tapez la touche **ç** et relâchez-la.

10 Relâchez la touche **Maj**.

11 Appuyez sur la **barre d'espace**, puis successivement sur les touches **J**, **A**, **N**, **V**, **I**, **E** et **R**, et de nouveau sur la **barre d'espace**.

12 Pour terminer, il faut cette fois saisir quatre chiffres. La quantité justifie le recours au pavé numérique. Vérifiez que celui-ci est verrouillé : le témoin **Num Lock** doit être allumé. S'il ne l'est pas, appuyez sur la touche **Verr Num** et relâchez-la.

13 Dans le pavé numérique, tapez la touche **2** et relâchez-la.

14 Sans quitter le pavé numérique, appuyez deux fois sur la touche **0**.

15 Tapez finalement la touche **3** dans le pavé numérique et relâchez-la. Votre date est complète.

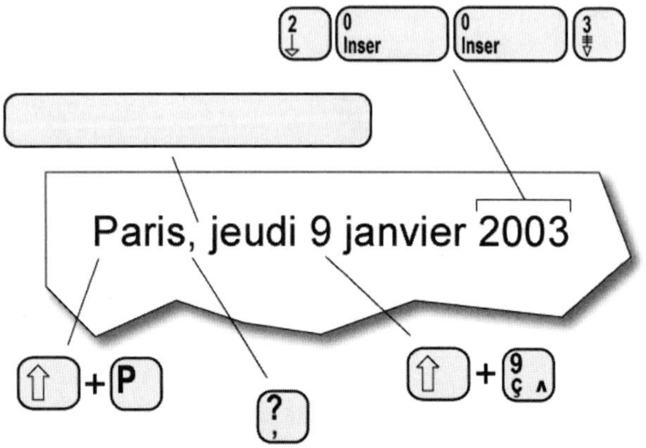

NOTE Quand vous commencez à saisir la date courante, il arrive que la fonction **Saisie semi-automatique** l'affiche en intégralité dans un petit encadré au-dessus de votre texte. Si la proposition de Word vous convient, appuyez sur la touche **Entrée** et relâchez-la, afin d'insérer directement le texte que vous vouliez saisir. Sinon, poursuivrez votre frappe, et le petit encadré disparaîtra.

Saisissez une plaque d'immatriculation

Ce qui nous intéresse dans cet exemple est le fait de devoir saisir uniquement des caractères majuscules. Plutôt que de garder en permanence un doigt sur la touche **Maj**, nous vous proposons d'utiliser la touche **Verr Maj**.

1 Appuyez sur la touche **Verr Maj** et relâchez-la. Dans l'angle supérieur droit du clavier, le témoin **Caps Lock** s'allume, indiquant que vous travaillez en mode Majuscule.

2 Saisissez les quatre chiffres qui commencent votre plaque d'immatriculation. Le mode Majuscule étant activé, contentez-vous de taper les quatre touches requises dans la ligne supérieure du pavé central, comme **(**, **è**, **à** et **&** si le numéro est 5701.

3 Pour insérer un espace, appuyez sur la **barre d'espace** et relâchez-la. Le fait d'être en mode Majuscule n'a aucune incidence sur cette touche.

4 Tapez les deux touches correspondant aux deux lettres de votre plaque, comme **F** et **P** pour FP. Deux lettres majuscules apparaissent.

5 Appuyez de nouveau sur la **barre d'espace** et relâchez-la.

6 Toujours depuis le pavé central, tapez les deux touches requises pour produire votre numéro de département, comme **é** et **è** si vous habitez dans l'Eure.

7 Désactivez finalement le mode Majuscule en tapant de nouveau la touche **Verr Maj** et en la relâchant. Si le témoin **Caps Lock** reste allumé, appuyez sur la touche **Maj** et relâchez-la. La manière de désactiver le mode Majuscule diffère en effet selon les claviers.

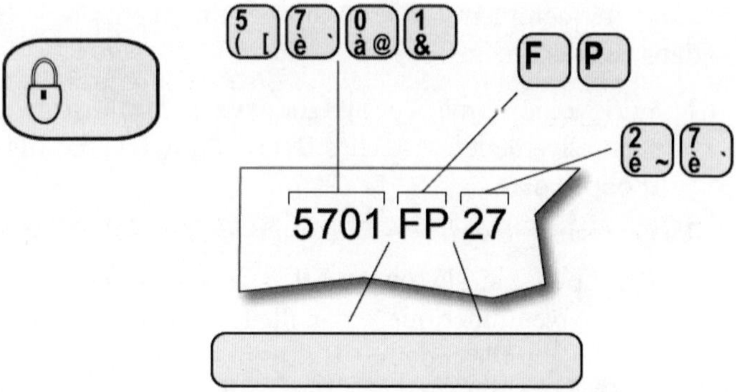

NOTE

Il vous arrivera sans doute d'activer par mégarde le mode Majuscule et de ne vous en rendre compte qu'après avoir saisi plusieurs caractères. Le raccourci clavier **Maj+F3** peut alors vous permettre de retrouver des minuscules instantanément sans avoir rien à ressaisir. Sélectionnez le texte en majuscules, puis appuyez sur la touche **Maj** et, en la maintenant enfoncée, tapez la touche **F3** autant de fois que nécessaire pour retrouver des minuscules. Relâchez ensuite les deux touches. La même technique permet de convertir en lettres capitales un texte inscrit entièrement en minuscules.

QUESTION RÉPONSE

J'aimerais inscrire mon texte en majuscules, mais les lettres produites avec la touche Maj sont trop grandes. Suis-obligé de réduire la taille des caractères ? Non. Vous pouvez appliquer une mise en forme particulière appelée *Petites majuscules*. Saisissez votre texte en minuscules (avec éventuellement une majuscule initiale) et sélectionnez-le. Appuyez ensuite sur les touches **Ctrl** et **Maj** et, en les maintenant enfoncées, tapez la touche **K**, puis relâchez ces trois touches. Le texte apparaît alors en petites majuscules. Attention, pour retrouver un texte en minuscules par la suite, vous devrez réutiliser ce raccourci clavier **Ctrl+Maj+K**.

Saisissez une mention de copyright

L'information circule aujourd'hui si vite et si souvent que vous aurez fréquemment intérêt à ajouter une mention de copyright dans vos documents.

1 Saisissez le terme « copyright » suivi d'un espace en tapant successivement les touches **C**, **O**, **P**, **Y**, **R**, **I**, **G**, **H**, **T** et la **barre d'espace**.

2 Pour saisir le symbole ©, deux possibilités s'offrent à vous :

- Appuyez sur la touche **Alt** et, sans la relâcher, tapez dans le pavé numérique verrouillé les touches **0**, **1**, **6** et **9**, 169 étant le code ASCII du symbole de copyright (consultez la section « *Comment saisir ces caractères que je ne vois pas sur mon clavier ?* » dans l'étape 3). Relâchez finalement la touche **Alt**.
- Appuyez successivement sur les touches **(**, **C** et **)**. Word convertit alors les caractères saisis en ©.

CONSEIL

La deuxième technique a le mérite d'être plus rapide que la première. Néanmoins, il est bon de mémoriser la combinaison **Alt+0169**, car elle permet d'insérer le symbole © dans la plupart des logiciels, y compris de retouche d'images, comme Adobe Photoshop.

3 Tapez la barre d'espace et relâchez-la, puis saisissez ce qui devra figurer à la suite du symbole, comme une date et votre nom.

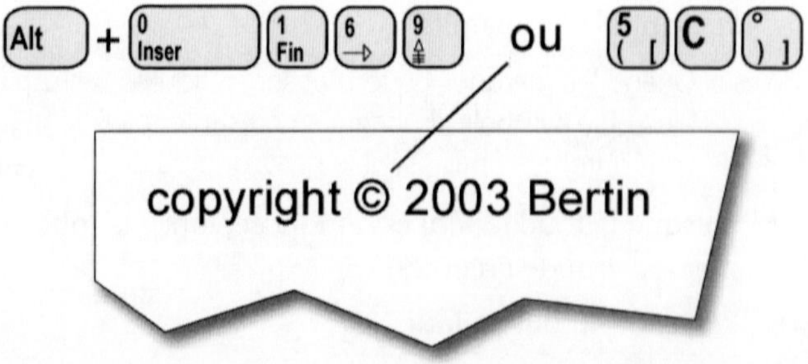

NOTE

Word permet d'insérer divers caractères spéciaux selon la même technique, comme ®, ™ ou ☺. Pour connaître ces symboles, consultez l'onglet **Correction automatique** de la boîte de dialogue **Correction automatique**, accessible depuis le menu **Options**.

Saisissez un prix en euros

Avec l'arrivée de l'euro, les fabricants de clavier ont intégré le symbole € sur la touche **E**. Y accéder est un jeu d'enfants. Pour compliquer un peu l'exercice, nous vous demanderons également de saisir l'abréviation de « numéro », c'est-à-dire un n suivi du petit rond ° qui correspond au symbole du degré. Le texte à taper est le suivant : « Lot n°1 : 3,47 € ».

1 Pour créer le L majuscule, appuyez sur la touche **Maj** et maintenez-la enfoncée.

2 Sans relâcher la touche **Maj**, tapez la touche **L** et relâchez-la.

3 Relâchez la touche **Maj**.

4 Tapez successivement les touches **O** et **T**, la **barre d'espace** et la touche **N**.

5 Le petit symbole que nous cherchons se trouve en haut du pavé central, sur la touche **)**. Comme il s'agit d'un caractère majuscule, appuyez sur la touche **Maj** et maintenez-la enfoncée.

6 Sans relâcher la touche **Maj**, tapez la touche **)** et relâchez-la. Le symbole ° apparaît.

NOTE

Quand les marques de format sont affichées, les espaces insécables et le symbole du degré se présentent à l'identique, mais ne vous y trompez pas : seul le petit rond du degré sera imprimé.

7 Puisque la touche **Maj** est enfoncée, tapez la touche **&** et relâchez-la, afin de créer le 1.

8 Relâchez la touche **Maj**.

9 Comme tous les signes de ponctuation doubles, le signe deux-points doit être précédé d'un espace insécable et suivi d'un espace traditionnel. Pour ajouter l'espace insécable, appuyez sur la touche **Ctrl** et maintenez-la enfoncée.

10 Sans relâcher la touche **Ctrl**, tapez la touche **Maj** et maintenez-la enfoncée, elle aussi.

11 Sans relâcher les touches **Ctrl** et **Maj**, appuyez sur la **barre d'espace**. Un espace insécable matérialisé par un petit rond apparaît.

12 Relâchez les touches **Ctrl** et **Maj**.

13 Tapez la touche **:** et relâchez-la.

14 Appuyez sur la **barre d'espace** et relâchez-la, afin d'insérer un espace traditionnel.

15 Pour saisir le prix, choisissons d'utiliser cette fois le pavé numérique. Vérifiez que celui-ci est verrouillé : le témoin **Num Lock** doit être allumé. S'il ne l'est pas, appuyez sur la touche **Verr Num** et relâchez-la.

16 Dans le pavé numérique, tapez la touche **3** et relâchez-la.

17 Dans le pavé central, appuyez sur la touche **,** et relâchez-la, afin d'insérer la virgule. Celle-ci joue ici le rôle de séparateur décimal et ne doit donc être ni précédée ni suivie d'un espace.

LE SAVIEZ-VOUS ?

Les Français utilisent la virgule comme séparateur décimal, tandis que les Anglo-saxons emploient le point.

18 Dans le pavé numérique, tapez les touches **4** et **7**.

19 Par prudence, insérez devant le symbole d'euro un espace insécable, et non pas traditionnel, en répétant les étapes 10 à 12 ci-dessus.

20 Pour ajouter le symbole €, appuyez sur la touche **Alt Gr** et maintenez-la enfoncée.

21 Sans relâcher la touche **Alt Gr**, tapez la touche **E** et relâchez-la.

22 Relâchez la touche **Alt Gr**. Vous avez fini !

NOTE

Dans la plupart des cas, la combinaison de touches **Alt Gr+E** permet d'insérer le symbole de l'euro même sur les claviers dont la touche **E** ne comporte pas le caractère €.

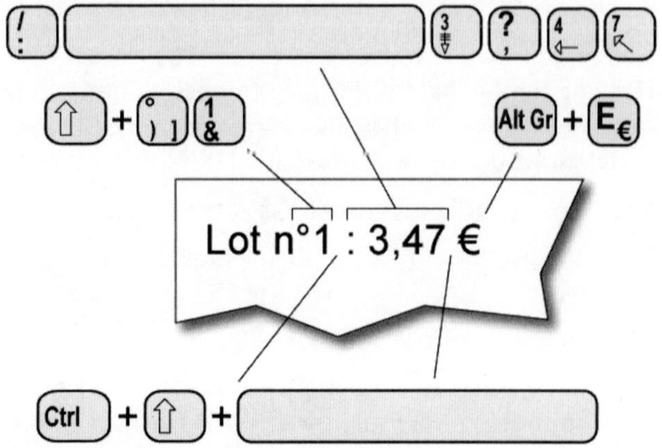

Saisissez une expression mathématique

Voyons pour finir si vous pouvez dompter cette petite expression mathématique [84²/(7-5)] = 3 528.

1 Puisque nous allons saisir des chiffres et des opérateurs, commencez par vous assurer que le pavé numérique est verrouillé en observant le témoin **Num Lock**. Si celui-ci n'est pas allumé, appuyez sur la touche **Verr Num** et relâchez-la.

2 Pour insérer le crochet ouvrant, appuyez sur la touche **Alt Gr** et maintenez-la enfoncée.

3 Sans relâcher la touche **Alt Gr**, tapez la touche **(** et relâchez-la.

4 Relâchez la touche **Alt Gr**.

5 Dans le pavé numérique, tapez successivement les touches **8** et **4**.

6 À l'extrême gauche de la première ligne du pavé central, tapez la touche ^{2} et relâchez-la, afin de créer le 2 en exposant.

7 Dans le pavé numérique, tapez la touche **/** et relâchez-la.

8 Dans le pavé central, tapez la touche **(** et relâchez-la. Employée seule, cette touche génère cette fois la parenthèse ouvrante dont nous avons besoin.

9 Dans le pavé numérique, tapez successivement les touches **7**, **-** et **5**.

10 Pour créer la parenthèse et le crochet fermants, tapez une première fois la touche **)** dans le pavé central et relâchez-la. La parenthèse fermante apparaît.

11 Appuyez sur la touche **Alt Gr** et maintenez-la enfoncée.

12 Sans relâcher la touche **Alt Gr**, tapez de nouveau la touche **)** et relâchez-la. Elle génère cette fois un crochet fermant.

13 Relâchez la touche **Alt Gr**.

14 Dans le pavé central, appuyez successivement sur la **barre d'espace**, sur la touche **=** et sur la **barre d'espace**.

15 Dans le pavé numérique, appuyez sur la touche **3** et relâchez-la.

16 Pour insérer l'espace qui doit jouer le rôle de séparateur de milliers, appuyez sur la **barre d'espace** et relâchez-la.

LE SAVIEZ-VOUS ? Les Français utilisent l'espace comme séparateur de milliers, alors que les Anglo-saxons emploient la virgule.

17 Dans le pavé numérique, tapez successivement les touches **5**, **2** et **8** pour terminer la formule.

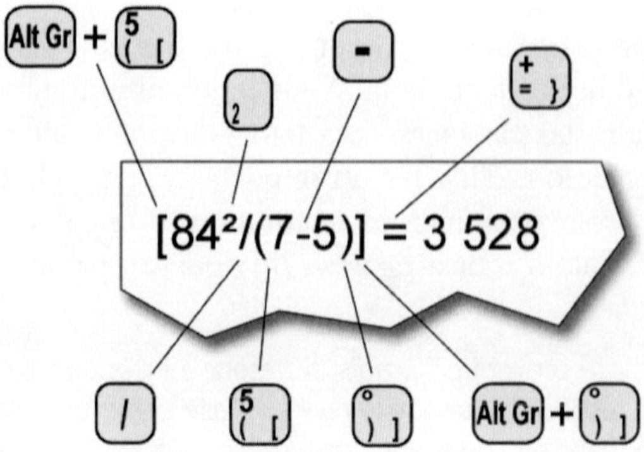

Organisez votre texte

L'espace blanc dans lequel vous saisissez vos caractères à l'écran (le *document*) est organisé en *pages* : celles-ci sont par défaut au format A4, avec des marges prédéfinies de 2,5 cm sur chaque bord. Word répartit automatiquement le texte au sein de cet espace, mais vous pouvez modifier arbitrairement cette répartition en créant vous-même de nouveaux paragraphes ou de nouvelles pages, notamment.

LE SAVIEZ-VOUS ?

Si la taille de la page ou des marges ne vous convient pas, vous pouvez la changer dans les onglets respectifs **Papier** et **Marges** de la boîte de dialogue **Mise en page**, accessible depuis le menu **Fichier**. Il est aussi possible de modifier la longueur des lignes d'un paragraphe en modifiant les retraits gauche et/ou droit de celui-ci depuis l'onglet **Retrait et espacement** de la boîte de dialogue **Paragraphe**, accessible par le biais du menu **Format**.

NOTE

Pour pouvoir organiser votre texte, vous aurez sans cesse besoin de changer la position du curseur. Pour savoir comment procéder, consultez la section « *Naviguez à pleine vapeur* », à l'étape 5.

ETAPE 4

Faites des retours à la ligne

Quand le texte créé en appuyant sur des touches atteint la marge de droite du document, Word poursuit automatiquement l'inscription des caractères à la ligne suivante. Autrement dit, vous n'avez besoin d'insérer un retour à la ligne que dans les cas où vous désirez commencer arbitrairement une nouvelle ligne. Vous pouvez alors choisir de créer un nouveau paragraphe ou un saut de ligne.

CONSEIL

Ne provoquez *jamais* de retour à ligne artificiel en ajoutant des espaces pour que le mot souhaité commence sur la ligne suivant celle en cours. Vous risquez sinon d'avoir une très mauvaise surprise si vous êtes amené à modifier le texte qui précède tous ces espaces.

Il devient intéressant de créer un saut de ligne plutôt qu'un nouveau paragraphe quand vous désirez renvoyer le texte à la ligne sans quitter le paragraphe en cours. Quel intérêt, me direz-vous ? Imaginez par exemple que le curseur se trouve dans une liste à puces. Si vous créez un nouveau paragraphe, la nouvelle ligne de texte est automatiquement précédée d'une puce. Si vous définissez simplement un saut de ligne, en revanche, le nouveau commence sur une nouvelle ligne en retrait sans aucune puce.

TERME À CONNAÎTRE

Paragraphe. Dans Word, objet (bloc de texte, le plus souvent) délimité par deux marques de paragraphe ¶, la dernière faisant partie de ce paragraphe. Un paragraphe peut être vide (il se limite alors à la marque de paragraphe) ou renfermer du texte ou des graphismes.

Créez des paragraphes

1 Placez le curseur là où devra se terminer le paragraphe précédant celui que vous aller créer. Cela peut être à la fin d'un

texte existant ou au sein d'un bloc de texte, pour scinder celui-ci en deux.

2 Appuyez sur la touche **Entrée** et relâchez-la. Word crée un nouveau paragraphe, comme en témoigne la marque ¶.

CONSEIL

Si vous voulez inscrire un texte au milieu de la page ou au bas de la page, évitez absolument de le positionner en créant des paragraphes vides. Si vous étiez amené à insérer ou supprimer du texte avant ces derniers par la suite, toute votre mise en page serait fausse : le texte qui occupait une position centrale, par exemple, se décalerait vers le début ou la fin de la page. Pour définir une disposition fiable, rendez-vous dans l'onglet **Disposition** de la boîte de dialogue **Mise en page**, accessible depuis le menu **Fichier**, et sélectionnez l'option requise dans la liste **Alignement vertical**.

Créez des sauts de lignes

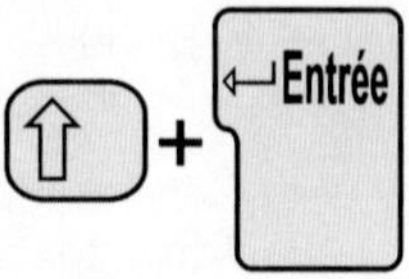

1 Placez le curseur à l'endroit où devra se terminer la ligne précédant celle que vous aller créer. Cela peut être à la fin d'un texte existant ou au sein d'un bloc de texte, pour scinder celui-ci en deux.

2 Appuyez sur la touche **Maj** et ne la relâchez pas.

3 En maintenant la touche **Maj** enfoncée, tapez la touche **Entrée** et relâchez-la.

4 Relâchez la touche **Maj**. Word crée un saut de ligne, matérialisé par une flèche coudée orientée vers la droite.

Commencez une nouvelle page si cela s'impose

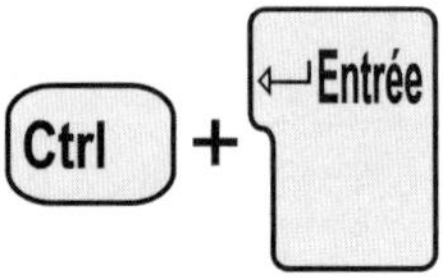

Lorsque le texte atteint la fin de la page, Word poursuit automatiquement l'inscription des caractères à la page suivante. Vous pouvez néanmoins commencer arbitrairement une nouvelle page à tout moment.

NOTE

À la section *« Choisissez le bon affichage »*, plus tôt dans cette étape, nous vous avons demandé de basculer en mode Page. Les limites de pages apparaissent alors clairement sous la forme d'un espace gris foncé. Si vous êtes amené à travailler en mode d'affichage Normal, sachez que les sauts de page y sont matérialisés par une simple ligne en pointillé noire, avec la mention Saut de page.

1. Placez le curseur à l'endroit où devra se terminer la page précédant celle que vous aller créer. Cela peut être à la fin d'un texte existant ou au sein d'un bloc de texte, pour répartir celui-ci sur deux pages distinctes.
2. Appuyez sur la touche **Ctrl** et ne la relâchez pas.
3. En maintenant la touche **Ctrl** enfoncée, tapez la touche **Entrée** et relâchez-la.
4. Relâchez la touche **Ctrl**. Word crée une nouvelle page, dont le début est matérialisé par un espace gris.

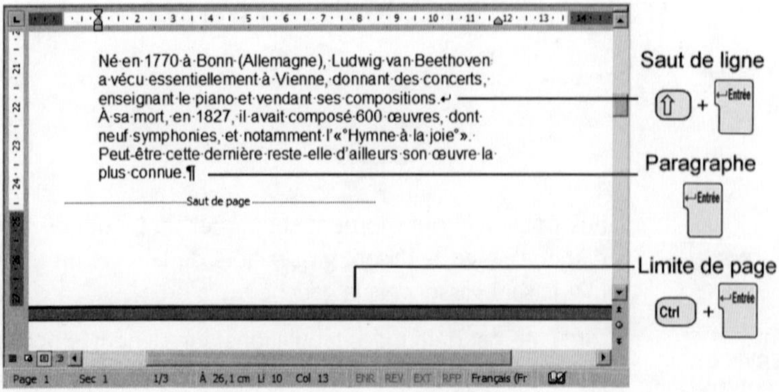

Inscrivez les listes en colonnes

Quoi de plus tentant, pour un texte comme une liste de tarifs, que de créer deux colonnes en alignant les éléments de la deuxième grâce à des espaces générés par la **barre d'espace** ? Ne cédez *surtout pas* à la tentation. Premièrement, tous les caractères n'occupant pas la même largeur (voyez le i et le m), vous n'obtiendriez pas d'alignement parfait. Deuxièmement, dès que vous ajouteriez ou supprimeriez des caractères dans la première colonne, vous perdriez l'alignement approximatif qui existait auparavant.

Pour créer de vraies colonnes, un seul maître mot : la touche **Tab**. Celle-ci insère des *tabulations* matérialisées par des flèches orientées vers la droite. Par défaut, Word insère tous les 1,5 cm des *taquets de tabulation* qui définissent la position des tabulations. Autrement dit, chaque appui sur la touche **Tab** décale le texte qui suit de 1,5 cm vers la droite. Vous pouvez néanmoins ajouter des taquets personnalisés en cliquant à l'endroit requis au bas de la règle horizontale. Un petit symbole noir apparaît alors.

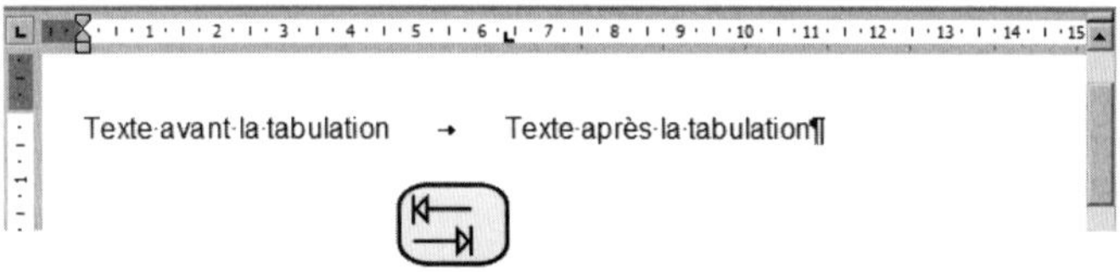

NOTE Vous pouvez à tout moment supprimer un taquet de tabulation personnalisé en le faisant glisser hors de la règle ou le déplacer en le faisant glisser vers la gauche ou la droite.

LE SAVIEZ-VOUS ? Word crée par défaut des tabulations qui alignent le bord gauche de chaque texte qui suit la tabulation. Vous pouvez néanmoins décider d'aligner le bord droit ou le centre de chacun de ces textes, voire d'aligner le séparateur décimal dans une liste de nombres. Pour ce faire, cliquez sur le petit symbole à l'extrême gauche de la règle horizontale, jusqu'à ce que le symbole du type de tabulation souhaité apparaisse.

CONSEIL Si vous voulez créer des colonnes de texte assez denses, de type journal, oubliez la touche **Tab** et utilisez la commande **Colonnes**, accessible depuis le menu **Format**.

Voici comment créer deux petites colonnes de texte :

1 Saisissez le texte qui devra figurer sur la première ligne, dans la première colonne. *N'appuyez pas* sur la **barre d'espace** à la fin de ce texte : il ne doit être suivi d'aucun caractère, si ce n'est la marque de paragraphe.

2 Appuyez sur la touche **Tab** et relâchez-la. Word insère une tabulation, matérialisée par une flèche orientée vers la droite.

3 Saisissez le texte qui devra figurer sur la première ligne, dans la deuxième colonne.

4 Pour changer de ligne en créant un nouveau paragraphe, tapez la touche **Entrée** et relâchez-la.

5 Répétez les étapes 1 à 4 pour chaque ligne de texte réparti sur deux colonnes que vous désirez créer.

NOTE Il est toujours possible de répartir un texte existant sur deux colonnes en sélectionnant l'espace à remplacer par une tabulation et en tapant la touche **Tab**. Par ailleurs, vous pouvez à tout moment ajouter une tabulation supplémentaire en plaçant simplement le curseur à l'endroit où insérer cette tabulation et en appuyant sur la touche **Tab**.

Exercez-vous !

En quelques sections, vous venez d'apprendre des règles de saisie absolument fondamentales pour répartir efficacement le texte de vos documents. Assurons-nous que vous les avez bien assimilées grâce à un petit exercice pratique. Prenons le paragraphe de texte suivant :

> *« Je suis à la fois désolé et déçu, mais seuls trois élèves de la classe de Madame Polisser participeront au concours. Les autres ne sont pas intéressés. Vous trouverez la liste des élèves à la page suivante. »*

Votre mission consiste à améliorer la lisibilité de ce texte en le scindant en deux paragraphes après le mot « intéressés », puis à créer la liste des élèves sur une nouvelle page, en inscrivant leur nom dans la première colonne, leur prénom dans la deuxième et leur âge dans la troisième.

1 Pour créer le nouveau paragraphe sans laisser d'espace superflu, sélectionnez l'espace qui suit le point après le mot « intéressés » (consultez la section *« Percez le secret des sélections »*, dans l'étape 5).

Je·suis·à·la·fois·désolée·et·déçue,·mais·seuls·trois·élèves·de·la·classe·de·
Madame·Polisser·participeront·au·concours.·Les·autres·ne·sont·pas·
intéressés.·Vous·trouverez·la·liste·des·élèves·à·la·page·suivante.¶

2 Appuyez sur la touche **Entrée** et relâchez-la. Le texte s'inscrit désormais sur deux paragraphes.

3 Tapez la touche **Fin** et relâchez-la, afin de déplacer le curseur à la fin de la ligne.

4 Pour créer la nouvelle page, appuyez sur la touche **Ctrl** et maintenez-la enfoncée.

5 Sans relâcher la touche **Ctrl** enfoncée, tapez la touche **Entrée** et relâchez-la.

6 Relâchez la touche **Ctrl**. Word crée une nouvelle page : il ne reste plus qu'à saisir la liste des élèves.

7 Tapez un premier nom (vous pouvez en inventer un ou saisir le même que nous).

8 Avec la souris (si si !), cliquez au bas de la règle horizontale, là où devra figurer le premier taquet de tabulation et, donc, commencer la deuxième colonne. Le taquet doit se trouver plus à droite de la fin du plus long mot de la première colonne.

9 Pour insérer une tabulation, appuyez sur la touche **Tab** et relâchez-la.

10 Tapez un premier prénom (là encore, vous êtes libre de saisir celui que vous voulez).

11 Avec la souris, cliquez au bas de la règle horizontale, là où devra figurer le deuxième taquet de tabulation et, donc, commencer la troisième colonne. Le taquet doit se trouver plus à droite de la fin du plus long mot de la deuxième colonne.

12 Pour ajouter une nouvelle tabulation, appuyez sur la touche **Tab** et relâchez-la.

13 Tapez un âge. La première ligne est ainsi terminée ; son texte est correctement réparti sur trois colonnes.

14 Pour commencer la deuxième ligne, tapez la touche **Entrée** et relâchez-la.

15 Tapez un deuxième nom.

16 Pour insérer une tabulation, appuyez sur la touche **Tab** et relâchez-la. Il est inutile d'ajouter un nouveau taquet : la tabulation s'aligne automatiquement sur le taquet défini à l'étape 8.

17 Tapez un deuxième prénom.

18 Appuyez sur la touche **Tab** et relâchez-la.

19 Tapez un âge.

20 Pour commencer la troisième ligne, tapez la touche **Entrée** et relâchez-la.

21 Répétez les étapes 15 à 20 : la liste des trois élèves est terminée ! Vous pouvez vous amuser à changer le nom ou le prénom de certains élèves : vous constaterez que l'alignement en colonnes reste impeccable.

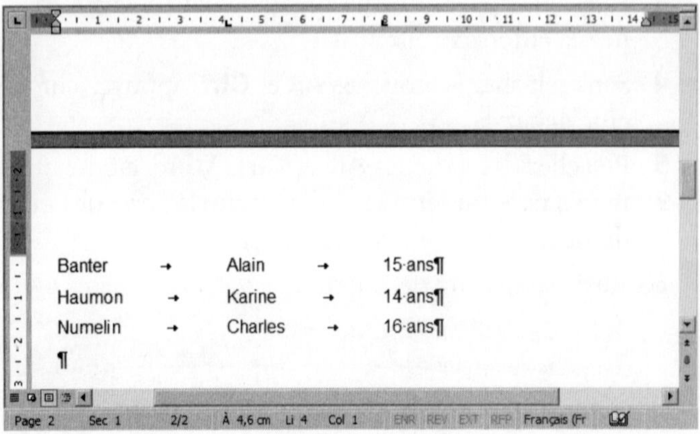

Ajoutez des annotations et des commentaires en cas de besoin

Ne vous laissez pas impressionner : l'ajout de notes et de commentaires est d'une facilité déconcertante. Jugez vous-même !

Informez le lecteur grâce à des notes

Word permet d'annoter un texte extrêmement facilement, en se chargeant à votre place de l'insertion de l'*appel de note*, de la gestion de la numérotation des notes (si vous ajoutez ou supprimez des notes, le logiciel ajuste automatiquement le numéro de celles existantes) et du positionnement du texte de la note. Dans le cas des notes de fin que nous insérerons ici, le texte de la note apparaît tout à la fin du document.

TERME À CONNAÎTRE

Appel de note. Petit numéro ou symbole inscrit en exposant à côté du terme auquel se rapporte la note.

1 Placez le curseur juste à côté du terme à annoter (consultez la section « *Naviguez à pleine vapeur* », dans l'étape 5).

2 Appuyez sur la touche **Alt** et ne la relâchez pas.

3 Sans relâcher la touche **Alt**, tapez la touche **Ctrl** et maintenez-la enfoncée, elle aussi.

4 Sans relâcher les touches **Alt** et **Ctrl**, appuyez sur la touche **F** et relâchez-la.

5 Relâchez les touches **Alt** et **Ctrl**. Word ajoute un appel de note à côté du terme annoté, ouvre la zone des notes à la fin du document et y place le curseur.

6 Saisissez le texte de la note.

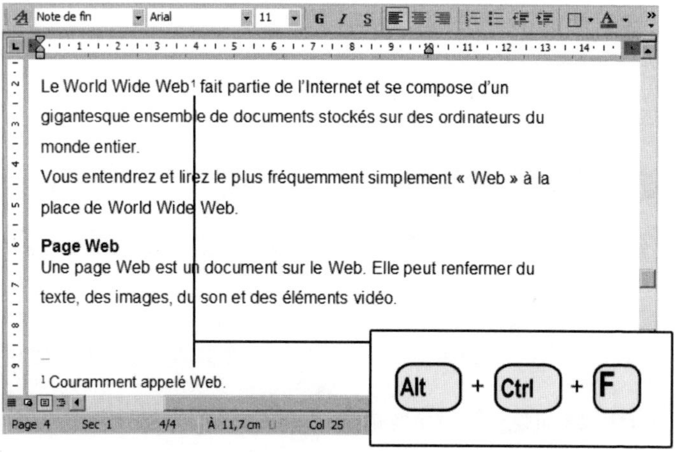

NOTE

Pour supprimer une note, sélectionnez l'appel correspondant, puis tapez la touche **Suppr** et relâchez-la.

Ajoutez des remarques éventuelles

Contrairement aux notes qui sont imprimées par défaut, les commentaires associent à certaines parties d'un texte des remarques essentiellement destinées aux lecteurs de la version informatique du document. Les commentaires figurent dans la marge droite du document, et les textes commentés apparaissent entre crochets.

1 Sélectionnez le texte à commenter (consultez la section « *Percez le secret des sélections* », dans l'étape 5).
2 Appuyez sur la touche **Alt** et ne la relâchez pas.
3 Sans relâcher la touche **Alt**, tapez la touche **Ctrl** et maintenez-la enfoncée, elle aussi.
4 Sans relâcher les touches **Alt** et **Ctrl**, appuyez respectivement sur la touche **M** et relâchez-la.
5 Relâchez les touches **Alt** et **Ctrl**. Word encadre le texte sélectionné par deux crochets et ajoute une balise de commentaire dans la marge.
6 Saisissez le texte du commentaire dans la balise.

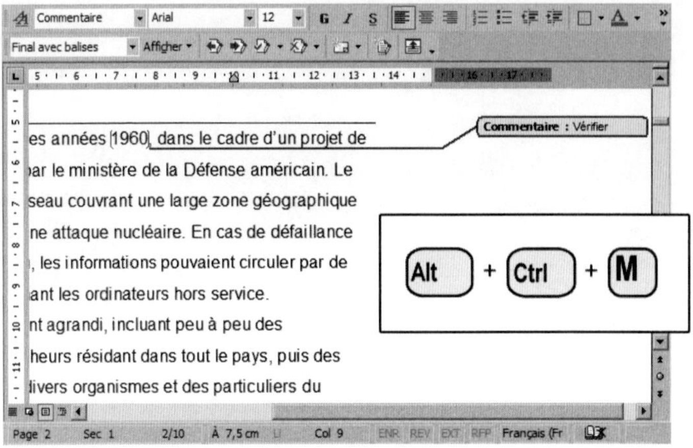

NOTE

Pour supprimer un commentaire, placez le curseur dans le texte commenté, tapez la touche **Application** et relâchez-la, puis sélectionnez **Supprimer le commentaire** dans le menu qui apparaît.

Résumé

Lettres simples ou accentuées, symboles, chiffres, vous êtes désormais capable de saisir sans problème n'importe quel caractère. Vous savez également répartir correctement votre texte au sein de chaque page et du document. Il est temps d'apprendre à réaliser deux tâches fondamentales dans l'élaboration d'un document : le déplacement au sein d'un texte et la sélection de texte.

ETAPE 5

Je parcours et sélectionne mon texte Word

DANS CETTE ÉTAPE :

- **Se déplacer progressivement dans un texte**
- **Parcourir rapidement un document**
- **Sélectionner des blocs de texte**
- **Sélectionner l'intégralité d'un document**

Vous constaterez rapidement qu'il est absolument indispensable de savoir se déplacer dans un document Word et de connaître les techniques de sélection les plus efficaces pour pouvoir rapidement atteindre ou isoler le texte à modifier. Ne perdons pas davantage de temps en paroles. Action !

Naviguez à pleine vapeur

Savoir se déplacer dans un texte grâce aux touches du clavier est essentiel. Dès lors que vous n'avez à quitter le clavier pour bouger la souris, vous gagnez du temps dans les étapes de saisie en évitant de perdre le fil de la tâche en cours. Vous soulagez également le bras chargé d'actionner la souris.

Progressez caractère par caractère

← et →

1 Selon que vous voulez passer au caractère précédent ou suivant, tapez respectivement la touche **Flèche Gauche** ou **Flèche Droite** jusqu'à atteindre le caractère souhaité.

Exercez-vous !

Supposons que le mot « mercredi » soit inscrit à l'écran et que le curseur se trouve après le m. Que devez-vous faire pour atteindre le deuxième r ?

1 Tapez la touche **Flèche Droite** et relâchez-la. Le curseur se trouve désormais après le premier e.

2 Répétez deux fois l'étape 1. Le curseur se trouve maintenant juste devant le deuxième r.

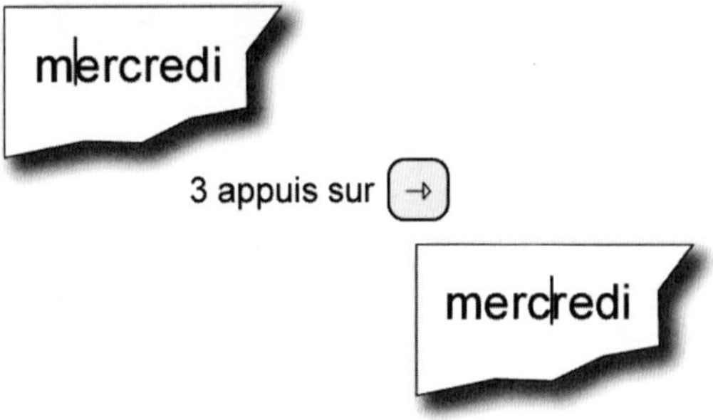

Progressez mot par mot

Ctrl + ← et Ctrl + →

1 Appuyez sur la touche **Ctrl** et maintenez-la enfoncée.

2 Sans relâcher la touche **Ctrl** et selon que vous voulez passer au mot précédent ou suivant, tapez respectivement la touche **Flèche Gauche** ou **Flèche Droite** jusqu'à atteindre le mot souhaité.

3 Relâchez la touche **Ctrl**.

Exercez-vous !

Vous venez de saisir « Je vous adresse tous mes vœux de bonheur. ». Le curseur se trouve après le point final. Comment revenir au début du mot « tous » ?

1 Appuyez sur la touche **Ctrl** et maintenez-la enfoncée.

2 Sans relâcher la touche **Ctrl**, appuyez sur la touche **Flèche Gauche** et relâchez-la. Le curseur se retrouve devant le point. Un mystère de Word qui considère ce signe de ponctuation comme un mot à part entière.

3 En maintenant la touche **Ctrl** enfoncée, tapez de nouveau la touche **Flèche Gauche** et relâchez-la. Le curseur se trouve désormais devant le mot « bonheur ».

4 Répétez quatre fois l'étape 3. Le curseur figure maintenant juste devant le mot « tous ».

5 Relâchez la touche **Ctrl**.

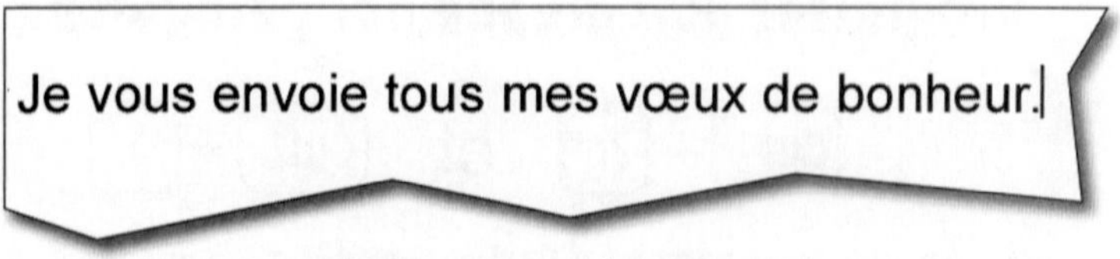

Ctrl + 3 appuis sur ←

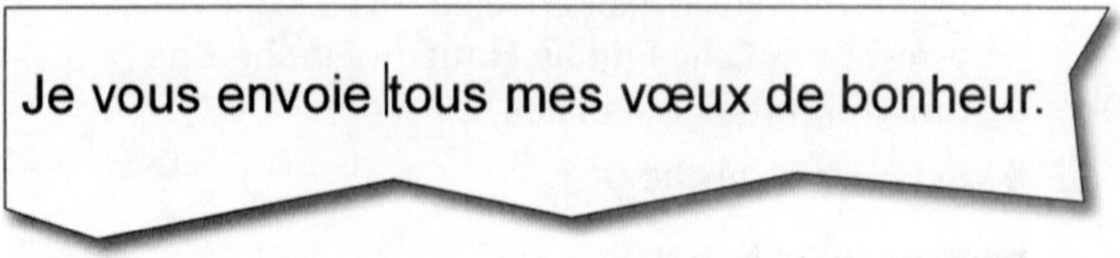

Progressez ligne par ligne

↑ et ↓

NOTE

Ne confondez pas les *lignes* et les *phrases* : une ligne correspond à une rangée unique de caractères qui s'étend d'une marge de la page à l'autre, tandis qu'une phrase se reconnaît à ceci qu'elle commence par une majuscule (le plus souvent) et se termine par un point. Une phrase peut s'étendre sur plusieurs lignes ou n'occuper qu'une demi-ligne.

1 Selon que vous voulez passer à la ligne suivante ou précédente, appuyez respectivement sur la touche **Flèche Haut** ou **Flèche Bas** jusqu'à atteindre la ligne souhaitée.

Rendez-vous au début ou à la fin de la ligne en cours

↖ et Fin

1 Selon que vous voulez atteindre le début ou la fin de la ligne en cours, appuyez respectivement sur la touche **Origine** ou **Fin** et relâchez-la.

Progressez paragraphe par paragraphe

Ctrl + **↑** et **Ctrl** + **↓**

1 Appuyez sur la touche **Ctrl** et maintenez-la enfoncée.

2 Sans relâcher la touche **Ctrl** et selon que vous voulez déplacer le curseur vers le haut ou le bas du document, tapez respectivement la touche **Flèche Haut** ou **Flèche Bas** jusqu'à atteindre le paragraphe souhaité.

3 Relâchez la touche **Ctrl**.

Exercez-vous !

Voici un petit exercice qui vous permettra de mettre en application les techniques vues dans cette section et dans les deux précédentes ? Prenons l'extrait de document suivant :

Qu'est-ce qu'un satellite ?

Un satellite est un *objet en orbite autour d'un autre élément*, plus gros, dans l'univers. Il en existe deux catégories : les satellites naturels, comme la lune, et les satellites artificiels, réalisés par l'Homme.

Les télévisions, les télécopieurs et les téléphones cellulaires, par exemple, émettent et reçoivent des signaux par l'intermédiaire de satellites. Ces derniers servent aussi aux prévisions météorologiques. Ils permettent en outre de photographier la Terre depuis l'espace.

Le premier satellite artificiel envoyé dans l'espace, Spoutnik 1, fut lancé par l'ancienne Union soviétique en 1957. Le mois suivant, l'URSS lançait Spoutnik 2, qui emmena la petite chienne Laïka dans l'espace pendant 7 jours.

Le premier satellite américain mis en orbite fut Explorer 1, en 1958. C'est cette même année que les Américains fondèrent la NASA.

Le curseur se trouve dans la troisième ligne du premier paragraphe, après le mot « satellites ». Comment pouvez-vous atteindre rapidement la fin de la troisième ligne du troisième paragraphe ?

1 Appuyez sur la touche **Ctrl** et maintenez-la enfoncée.

2 Sans relâcher la touche **Ctrl**, appuyez sur la touche **Flèche Bas** et relâchez-la. Le curseur se place au début du deuxième paragraphe.

3 En maintenant la touche **Ctrl** enfoncée, tapez de nouveau la touche **Flèche Bas** et relâchez-la. Le curseur se trouve maintenant au début du troisième paragraphe.

4 Relâchez la touche **Ctrl**.

5 Appuyez deux fois sur la touche **Flèche Bas** et relâchez-la. Le curseur se déplace successivement au début de la deuxième ligne du troisième paragraphe, puis au début de la troisième ligne du troisième paragraphe.

6 Tapez la touche **Fin** et relâchez-la. Le curseur se déplace à la fin de la troisième ligne du troisième paragraphe : votre objectif est atteint !

Progressez écran par écran

 et 

1 Selon que vous voulez atteindre l'écran précédent ou suivant, tapez respectivement la touche **Pg Préc** ou **Pg Suiv** jusqu'à atteindre l'écran souhaité.

Rendez-vous au début ou à la fin du document

Ctrl + ↖ et Ctrl + Fin

1 Appuyez sur la touche **Ctrl** et maintenez-la enfoncée.
2 Sans relâcher la touche **Ctrl** et selon que vous voulez atteindre le début ou la fin du document, tapez respectivement la touche **Origine** ou **Fin** et relâchez-la.
3 Relâchez la touche **Ctrl**.

Revenez sur le lieu des dernières modifications

⇧ + F5

1 Appuyez sur la touche **Maj** et maintenez-la enfoncée.
2 Sans relâcher la touche **Maj**, appuyez sur la touche **F5** jusqu'à atteindre la modification souhaitée.

NOTE — Vous ne pouvez ainsi revenir que sur les cinq dernières modifications. Au sixième appui sur la touche **F5**, en effet, vous revenez là où se trouvait le curseur à l'étape 1.

3 Relâchez la touche **Maj**.

LE SAVIEZ-VOUS ? — Quand vous tapez le raccourci clavier **Maj+F5** juste après avoir ouvert un document, vous accédez instantanément à l'endroit de la dernière modification apportée avant la fermeture de ce document.

Percez le secret des sélections

La sélection de texte depuis le clavier repose essentiellement sur la touche **Maj**. En fait, il suffit de la combiner aux techniques de déplacement du curseur que nous venons de voir pour obtenir pratiquement toutes les combinaisons de touches qui permettent de réaliser des sélections.

Sélectionnez caractère par caractère

⇧ + ← et ⇧ + →

1 Placez le curseur à côté du ou des caractères à sélectionner.
2 Appuyez sur la touche **Maj** et maintenez-la enfoncée.
3 Sans relâcher la touche **Maj** et selon que le caractère à sélectionner se trouve à gauche ou à droite du curseur, tapez respectivement la touche **Flèche Droite** ou **Flèche Gauche** autant de fois que le nombre de caractères à sélectionner.
4 Relâchez la touche **Maj**.

Sélectionnez mot par mot

Ctrl + ⇧ + ← et Ctrl + ⇧ + →

1 Placez le curseur à côté du ou des mots à sélectionner.
2 Appuyez sur la touche **Ctrl** et maintenez-la enfoncée.
3 Sans relâcher la touche **Ctrl**, tapez la touche **Maj** et maintenez-la enfoncée, elle aussi.
4 Sans relâcher les touches **Ctrl** et **Maj**, et selon que le mot à sélectionner se trouve à gauche ou à droite du curseur, tapez respectivement la touche **Flèche Droite** ou **Flèche Gauche** autant de fois que le nombre de mots à sélectionner.
5 Relâchez les touches **Ctrl** et **Maj**.

LE SAVIEZ-VOUS ?

Quand le curseur se trouve dans un mot, la combinaison de touches **Ctrl+Maj+Flèche Droite** sélectionne le début de ce terme, et la combinaison **Ctrl+Maj+Flèche Gauche**, la fin.

Sélectionnez une ligne particulière

⇧ + ↖ et ⇧ + Fin

1 Placez le curseur au début ou à la fin de la ligne à sélectionner.

2 Appuyez sur la touche **Maj** et maintenez-la enfoncée.

3 Sans relâcher la touche **Maj** et selon que le curseur se trouve au début ou à la fin de la ligne, tapez respectivement la touche **Fin** ou **Origine** et relâchez-la.

4 Relâchez la touche **Maj**.

LE SAVIEZ-VOUS ?

Quand le curseur se trouve au sein d'une ligne, la combinaison de touches **Maj+Origine** sélectionne le début de cette ligne, et la combinaison **Maj+Fin**, la fin.

Sélectionnez ligne par ligne

⇧ + ↑ et ⇧ + ↓

1 Si vous voulez sélectionner des lignes qui précèdent le curseur, placez celui-ci au début de la ligne qui suit celles à sélectionner. Si vous désirez sélectionner des lignes qui suivent le curseur, placez celui-ci au début de la première ligne à sélectionner

2 Appuyez sur la touche **Maj** et maintenez-la enfoncée.

3 Sans relâcher la touche **Maj** et selon que vous voulez sélectionner la ligne précédente ou suivante, tapez respectivement la touche **Flèche Haut** ou **Flèche Bas** autant de fois que le nombre de lignes à sélectionner.

4 Relâchez la touche **Maj**.

NOTE

Quand vous tapez la combinaison de touches **Maj+Flèche Haut** ou **Maj+Flèche Bas** alors que le curseur se trouve au sein d'une ligne, la première et la dernière ligne de la sélection ne sont sélectionnées qu'en partie. Il est toujours possible de sélectionner ensuite complètement la dernière ligne en maintenant la touche **Maj** enfoncée et en appuyant simultanément sur la touche **Origine** ou **Fin**.

Exercez-vous !

Vous l'avez vu : les techniques de sélection sont simples. Voyons maintenant comment les agencer pour sélectionner efficacement un bloc de texte. Partons de la lettre suivante :

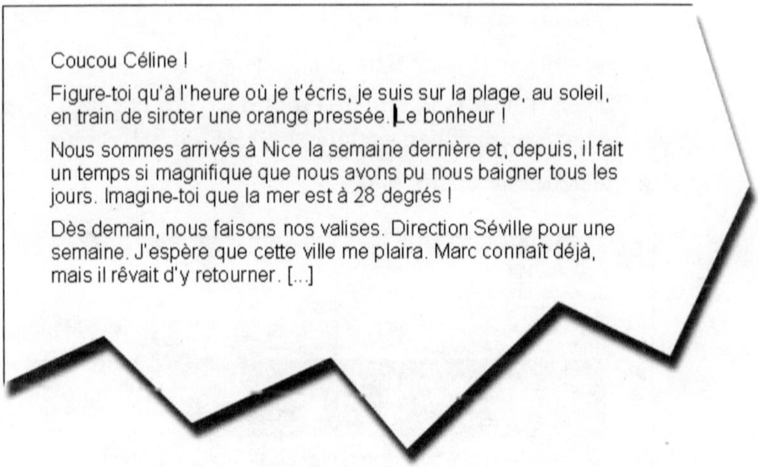

Coucou Céline !

Figure-toi qu'à l'heure où je t'écris, je suis sur la plage, au soleil, en train de siroter une orange pressée. Le bonheur !

Nous sommes arrivés à Nice la semaine dernière et, depuis, il fait un temps si magnifique que nous avons pu nous baigner tous les jours. Imagine-toi que la mer est à 28 degrés !

Dès demain, nous faisons nos valises. Direction Séville pour une semaine. J'espère que cette ville me plaira. Marc connaît déjà, mais il rêvait d'y retourner. [...]

Le curseur se trouve devant le mot « Le ». Quelle serait la manière la plus rapide de sélectionner le texte qui commence par ce terme et s'étend jusqu'au m de « demain » inclus ?

1. Appuyez sur la touche **Maj** et ne relâchez pas.
2. En maintenant la touche **Maj** enfoncée, tapez la touche **Flèche Bas** et relâchez-la : toute la fin de la troisième ligne et le début de la quatrième sont désormais sélectionnés.
3. En maintenant la touche **Maj** enfoncée, tapez de nouveau la touche **Flèche Bas** deux fois pour sélectionner les deux autres lignes du troisième paragraphe.
4. Quelques caractères à la fin de ce troisième paragraphe ne sont toujours pas sélectionnés. Sans relâcher la touche **Maj**, tapez la touche **Fin** et relâchez-la : tout le texte depuis « Le » jusqu'à « degrés ! » est maintenant sélectionné.

5 Sans relâcher la touche **Maj**, tapez la touche **Ctrl** et maintenez-la enfoncée.

6 Sans relâcher les touches **Maj** et **Ctrl**, tapez la touche **Flèche Droite** et relâchez-la, afin de sélectionner le mot « Dès » et l'espace qui le suit. Il ne reste maintenant plus que trois lettres à sélectionner.

7 Relâchez la touche **Ctrl**, mais pas la touche **Maj**.

8 Tapez trois fois la touche **Flèche Droite** et relâchez-la : tout le texte souhaité est maintenant sélectionné. Bravo !

9 Relâchez la touche **Maj**.

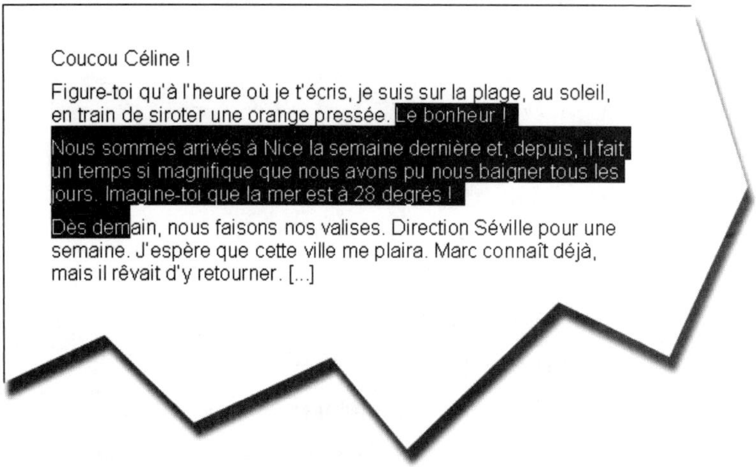
Coucou Céline !

Figure-toi qu'à l'heure où je t'écris, je suis sur la plage, au soleil, en train de siroter une orange pressée. Le bonheur !

Nous sommes arrivés à Nice la semaine dernière et, depuis, il fait un temps si magnifique que nous avons pu nous baigner tous les jours. Imagine-toi que la mer est à 28 degrés !

Dès demain, nous faisons nos valises. Direction Séville pour une semaine. J'espère que cette ville me plaira. Marc connaît déjà, mais il rêvait d'y retourner. [...]

Sélectionnez écran par écran

Cette technique permet de sélectionner rapidement un long bloc de texte, mais les autres méthodes de sélection, beaucoup plus précises, lui sont souvent préférables.

Pour sélectionner du texte qui précède le curseur :

1 Placez le curseur au début ou à la fin du texte à sélectionner.
2 Appuyez sur la touche **Maj** et maintenez-la enfoncée.
3 Sans relâcher la touche **Maj** et selon que le curseur se trouve au début ou à la fin du texte à sélectionner, tapez respectivement la touche **Pg Suiv** ou **Pg Préc** jusqu'à ce que tout le texte souhaité soit sélectionné.
4 Relâchez la touche **Maj**.

Sélectionnez l'ensemble du document

Ctrl + A

1 Appuyez sur la touche **Ctrl** et maintenez-la enfoncée.
2 Sans relâcher la touche **Ctrl**, tapez la touche **A** et relâchez-la.
3 Relâchez la touche **Ctrl**.

NOTE

Pour un souci d'exhaustivité, signalons que les combinaisons de touches **Ctrl+Maj+Origine** et **Ctrl+Maj+Fin** permettent de sélectionner respectivement le début et la fin du document à partir de l'emplacement du curseur. Pour les utiliser, appuyez sur la touche **Ctrl** et, sans la relâcher, tapez la touche **Maj** en la maintenant enfoncée, elle aussi. Tapez ensuite la touche **Origine** ou **Fin**, selon que vous désirez sélectionner le début ou la fin du document.

Sachez désélectionner un texte le moment venu

Connaître les techniques de sélection est essentiel, mais que deviendriez-vous si vous ne saviez pas annuler une sélection ? Il existe en fait deux méthodes très simples qui répondent à deux objectifs distincts.

D'une simplicité enfantine, la première méthode s'utilise dans les cas où vous voulez désélectionner tout le texte sélectionné. Il vous suffit alors de taper n'importe quelle touche fléchée, comme **Flèche Gauche**.

La deuxième méthode s'impose quand vous n'avez besoin de désélectionner qu'une partie du texte sélectionné. Elle connaît malheureusement deux restrictions. Si vous avez sélectionné le texte en progressant vers la fin du document, vous ne pouvez désélectionner que la fin de ce texte. Si, à l'inverse, vous l'avez sélectionné en évoluant vers le début du document, vous ne pouvez désélectionner que le début de ce texte.

1 Maintenez la touche **Maj** enfoncée.
2 Appliquez les mêmes techniques de sélection que celles vues précédemment, mais en utilisant cette fois la touche fléchée *opposée* à celle qui permettrait d'agrandir la sélection.
3 Relâchez la touche **Maj** enfoncée.

Cela vous semble un peu confus ? Passons de suite à un cas pratique.

Exercez-vous !

Reprenons la sélection effectuée dans la lettre à Céline, à la section *« Sélectionnez ligne par ligne »*. Vous avez sélectionné le texte en progressant vers la fin du document et en utilisant donc les touches **Flèche Bas**, **Fin** et **Flèche Gauche**. Voici comment désélectionner « degrés ! Dès dem ».

1 En maintenant la touche **Maj** enfoncée, tapez la touche **Origine** et relâchez-la, afin de désélectionner la première ligne du quatrième paragraphe.
2 Sans relâcher la touche **Maj**, appuyez sur la touche **Ctrl** et maintenez-la enfoncée, elle aussi.
3 Sans relâcher les touches **Maj** et **Ctrl**, appuyez trois fois sur la touche **Flèche Gauche**, afin de désélectionner successivement la marque de paragraphe, le point d'interrogation et le mot « degrés ».
4 Relâchez les touches **Maj** et **Ctrl**.

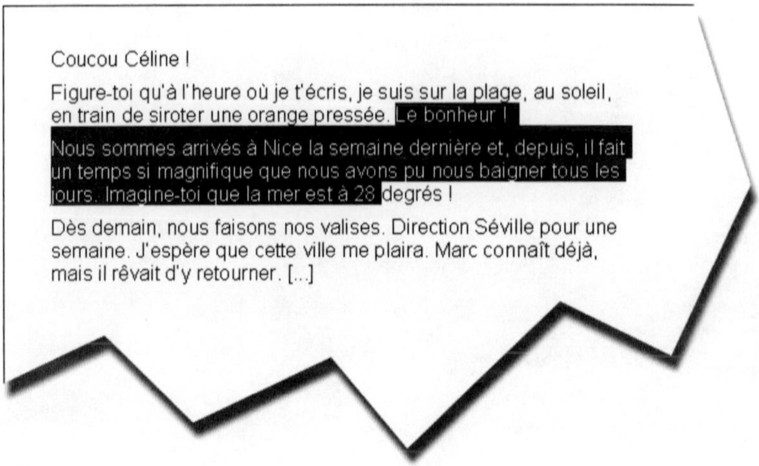
Coucou Céline !

Figure-toi qu'à l'heure où je t'écris, je suis sur la plage, au soleil, en train de siroter une orange pressée. Le bonheur !

Nous sommes arrivés à Nice la semaine dernière et, depuis, il fait un temps si magnifique que nous avons pu nous baigner tous les jours. Imagine-toi que la mer est à 28 degrés !

Dès demain, nous faisons nos valises. Direction Séville pour une semaine. J'espère que cette ville me plaira. Marc connaît déjà, mais il rêvait d'y retourner. [...]

Résumé

Voilà ! Vous maîtrisez maintenant toutes les techniques indispensables pour dépasser le stade de la saisie pure et modifier un texte. En effet, vous savez atteindre l'endroit où vous désirez intervenir en un clin d'œil et sélectionner n'importe quel texte à rectifier ou à mettre en forme. Passez de ce pas à l'étape suivante pour mettre vos connaissances en pratique.

ETAPE 6

Je modifie mon texte Word

DANS CETTE ÉTAPE :

- Ajouter du texte
- Supprimer du texte
- Corriger les fautes de frappe et d'orthographe
- Copier et déplacer du texte

La saisie sur ordinateur présente un avantage considérable par rapport à la machine à écrire : le texte n'est pas figé dans votre document comme il l'est sur le papier. Au cours de cette nouvelle étape, vous découvrez combien il est facile de compléter, d'effacer, de rectifier et d'améliorer n'importe quel texte.

Ajoutez le texte manquant

NOTE Dans les sections qui suivent, vous devrez souvent placer le curseur à un endroit précis ou sélectionner du texte. Si vous hésitez sur la technique à utiliser, reportez-vous à l'étape 5.

Nul doute : vous avez déjà saisi des textes et constaté, en arrivant à la fin, qu'il manquait un s à la fin d'un mot ou un article devant un autre. Que faire ? Tout effacer et tout ressaisir ? Non, simplement ajouter les caractères manquants.

1 Placez le curseur là où vous désirez insérer de nouveaux caractères.
2 Saisissez les nouveaux caractères. Il peut s'agir d'un caractère, mais aussi de paragraphes entiers, voire de pages complètes. Tous les caractères qui suivaient le curseur se décalent vers la droite pour faire place au nouveau texte.

Supprimez le texte inutile

Rares sont les cas où vous saisirez un texte sans avoir besoin de supprimer au moins quelques caractères. Choisissez alors la technique de suppression la mieux adaptée.

Supprimez un bloc de texte

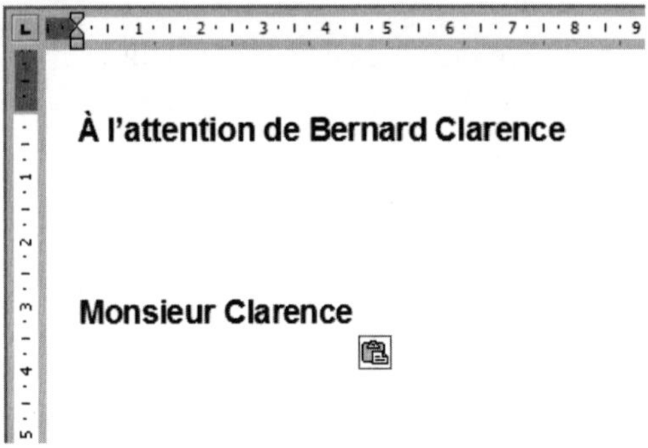

1 Sélectionnez le texte à supprimer.

2 Tapez la touche **Suppr** ou **Retour arrière** et relâchez-la.

QUESTION RÉPONSE

J'avais sélectionné un texte pour le mettre en forme, mais je viens d'appuyer malencontreusement sur la touche Suppr. **Dois-je tout ressaisir ?** Non, rassurez-vous. La précieuse combinaison de touches **Ctrl+Z** va vous sauver en annulant votre dernière action, c'est-à-dire la suppression : appuyez sur la touche **Ctrl** et, sans la relâcher, tapez la touche **Z**, puis relâchez les deux touches.

LE SAVIEZ-VOUS ?

Si le raccourci clavier **Ctrl+Z** permet d'annuler la dernière action, le raccourci **Ctrl+Y** permet quant à lui de rétablir la dernière action annulée. Autrement dit, si vous annulez la suppression d'un texte grâce à la combinaison de touches **Ctrl+Z** et que vous appuyez ensuite sur la touche **Y** tout en maintenant la touche **Ctrl** enfoncée, le texte supprimé qui était réapparu s'efface de nouveau.

Supprimez un ou plusieurs caractères

Suppr et ←

TERME À CONNAÎTRE

Caractère. Composant minimal d'un texte. Dans Word, une lettre constitue un caractère au même titre qu'un espace, un trait d'union ou une parenthèse.

1 Placez le curseur à gauche ou à droite du premier caractère à supprimer.

2 Selon que le curseur se trouve à gauche ou à droite du caractère à effacer, tapez respectivement la touche **Suppr** ou **Retour arrière** autant de fois que le nombre de caractères à supprimer.

Supprimez un ou plusieurs mots

Ctrl + **Suppr** et **Ctrl** + **←**

TERME À CONNAÎTRE

Mot. Dans Word, bloc de texte délimité par deux espaces.

1. Placez le curseur à gauche ou à droite du premier mot à supprimer.
2. Appuyez sur la touche **Ctrl** et ne la relâchez pas.
3. En maintenant la touche **Ctrl** enfoncée et selon que le curseur se trouve à gauche ou à droite du mot à effacer, tapez respectivement la touche **Suppr** ou **Retour arrière** autant de fois que le nombre de mots à supprimer.
4. Relâchez la touche **Ctrl**.

Remplacez un texte par un autre

Inser

Bien sûr, vous pouvez remplacer un texte par un autre en le supprimant comme l'explique la section précédente et en en tapant un nouveau. Il existe néanmoins deux autres techniques plus rapides.

La première consiste à sélectionner le texte à supprimer et à saisir le nouveau texte, simplement. Celui-ci se substitue alors instantanément au texte qui était sélectionné.

La deuxième technique est tout aussi simple, mais elle requiert un peu plus d'attention :

1. Placez le curseur au début du texte à remplacer.
2. Tapez la touche **Inser** et relâchez-la. Dans la barre d'état au bas de la fenêtre Word, les lettres **RFP** apparaissent en gras : le mode Refrappe est donc activé.

3 Commencez doucement à saisir. Vous constatez que chaque caractère tapé se substitue à un caractère existant.

4 Une fois votre saisie terminée ou une fois le curseur devant un texte que vous désirez conserver, appuyez de nouveau sur la touche **Inser** et relâchez-la. Dans la barre d'état, les lettres **RFP** s'estompent : le mode Refrappe est désactivé.

NOTE

Même si vous n'employez pas souvent cette technique, il est très important de la connaître. En effet, il vous arrivera sans doute à un moment ou un autre de voir le texte existant disparaître au fur et à mesure de votre saisie. Ce jour-là, vous saurez que les caractères ne s'effacent pas sous l'effet d'une force obscure : en observant la barre des tâches, vous verrez la mention RFP en gras et en conclurez que le mode Refrappe est activé. Tapez alors la touche **Inser** pour travailler de nouveau en mode de saisie normal.

LE SAVIEZ-VOUS ?

Quand vous avez activé le mode Refrappe par mégarde, vous pouvez retrouver les caractères supprimés grâce au raccourci clavier **Ctrl+Z**, qui permet d'annuler la dernière action. Il suffit d'appuyer sur la touche **Ctrl** et, sans la relâcher, de taper la touche **Z** autant de fois que nécessaires. Mais attention ! cette action supprime les nouveaux caractères que vous aviez saisis. À vous de trouver le juste compromis !

Exercez-vous !

Êtes-vous d'accord pour relever un petit défi ? Prenons le texte « à jeudi ! » et supposons que le pointeur se trouve juste devant le j. Comment feriez-vous pour remplacer rapidement cette expression par « lundi ! » ?

1 Commençons par supprimer le « à » et l'espace qui le suit. Appuyez sur la touche **Ctrl** et maintenez-la enfoncée.

2 Sans relâcher la touche **Ctrl**, tapez la touche **Retour arrière** et relâchez-la. Le « à » et l'espace disparaissent.

3 Relâchez la touche **Ctrl**.

4 L'avez-vous remarqué ? Il suffit de remplacer les trois premières lettres de « jeudi » par trois autres pour obtenir « lundi ». Appuyez par conséquent sur la touche **Inser** et relâchez-la, afin de basculer en mode Refrappe.

5 Tapez successivement les touches **L**, **U** et **N** : votre mission est remplie !

6 Tapez de nouveau la touche **Inser** et relâchez-la pour désactiver le mode Refrappe et éviter de mauvaises surprises pour vos prochaines saisies…

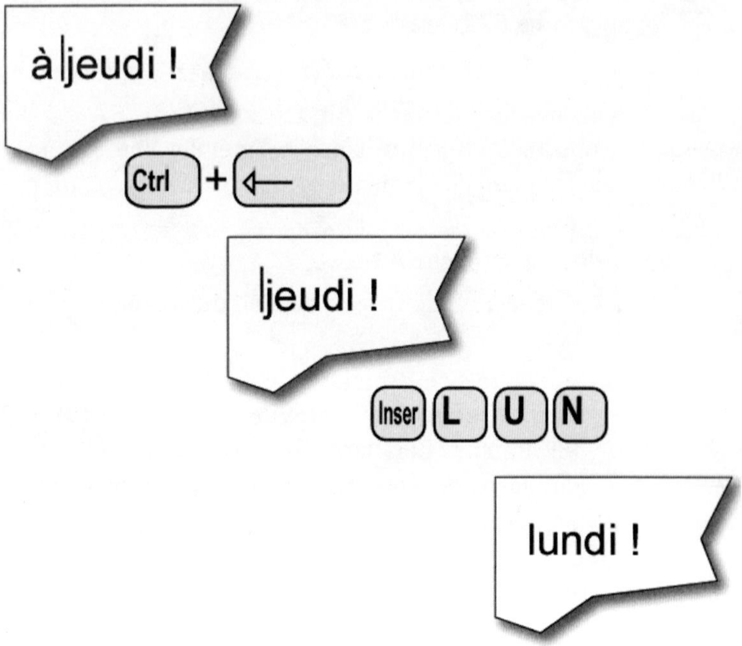

Corrigez les erreurs

Alt + F7

Word permet de repérer aisément les erreurs d'orthographe grâce à un soulignement ondulé rouge qu'il affiche au-dessous des termes mal écrits. Le raccourci clavier **Alt+F7** permet d'atteindre rapidement ces différentes fautes et de les corriger.

LE SAVIEZ-VOUS ? Si vous préférez démarrer directement la fonction de correction orthographique et grammaticale de Word, tapez simplement la touche **F7** et relâchez-la.

1 Appuyez sur la touche **Alt** et maintenez-la enfoncée.

2 Sans relâcher la touche **Alt**, tapez la touche **F7** et relâchez-la. Word met en surbrillance le premier terme erroné qu'il détecte et affiche le menu contextuel de correction orthographique.

3 Relâchez la touche **Alt**.

4 La marche à suivre ensuite dépend du contenu du menu contextuel.

- Si le terme exact figure en haut du menu, appuyez sur la touche **Flèche Bas** autant de fois que nécessaires pour le sélectionner, puis tapez la touche **Entrée** et relâchez-la, afin de valider la correction et de fermer le menu.
- Si Word ne propose aucune correction adéquate, appuyez sur la touche **Echap** et relâchez-la, afin de fermer le menu, puis désélectionnez le texte et corrigez l'erreur manuellement par une nouvelle saisie.

5 Répétez les étapes 1 à 4 jusqu'à avoir corrigé tout votre texte.

Exercez-vous !

Trop pressé, vous avez saisi à la fin de votre lettre « Jez t'embrasse blen fort. » Pouvez-vous vite corriger cela pour ne pas froisser votre ami ?

1 Placez le curseur juste devant le j.
2 Appuyez sur la touche **Alt** et maintenez-la enfoncée.
3 Sans relâcher la touche **Alt**, tapez la touche **F7** et relâchez-la.
4 Relâchez la touche **Alt**.
5 Word sélectionne « Jez » et affiche le menu contextuel orthographique. La troisième proposition de correction étant celle qu'il nous faut, appuyez trois fois sur la touche **Flèche bas** pour la sélectionner.

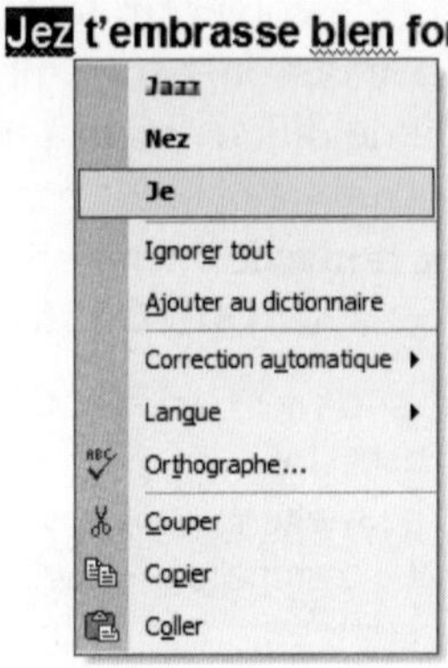

6 Validez la correction en appuyant sur la touche **Entrée** et en la relâchant.
7 Répétez les étapes 2 à 4.
8 Word épingle « blen », mais ne propose cette fois aucune correction adéquate. Fermez le menu en tapant la touche **Echap** et en la relâchant.
9 Appuyez sur la touche **Flèche Gauche** et relâchez-la, afin de désélectionner le texte.

10 Pour placer le curseur à l'endroit où vous devez apporter la modification (au niveau du l), appuyez sur la touche **Flèche Droite** et relâchez-la.

11 Pour supprimer le l, appuyez sur la touche **Suppr** et relâchez-la.

12 Tapez la touche **l** et relâchez-la : votre texte est parfait !

Évitez les saisies répétitives en copiant ou déplaçant certains textes

Ctrl + C ou Ctrl + X puis Ctrl + V

Il devient très utile de copier un texte quand vous voulez faire figurer les mêmes mots ou paragraphes en plusieurs endroits d'un document ou de différents documents. Vous déplacerez en revanche les textes qui ne figurent pas au bon endroit. Ces deux actions évitent une nouvelle opération de saisie. Mémorisez donc bien les raccourcis clavier **Ctrl+C**, **Ctrl+X** et **Ctrl+V** !

LE SAVIEZ-VOUS ?

Les raccourcis clavier **Ctrl+C**, **Ctrl+X** et **Ctrl+V** jouent le même rôle dans tous les programmes qui fonctionnent sous Windows. Ils permettent ainsi de copier et de déplacer toutes sortes d'éléments, comme des images ou des cellules extraites de Microsoft Excel, au sein d'un même programme ou, dès lors que la compatibilité le permet, entre différentes applications.

1 Sélectionnez le texte à copier ou déplacer.

2 Tapez la touche **Ctrl** et ne la relâchez pas.

3 En maintenant la touche **Ctrl** enfoncée et selon que vous voulez copier ou déplacer le texte, tapez respectivement la touche **C** ou **X** et relâchez-la.

4 Relâchez la touche **Ctrl**.

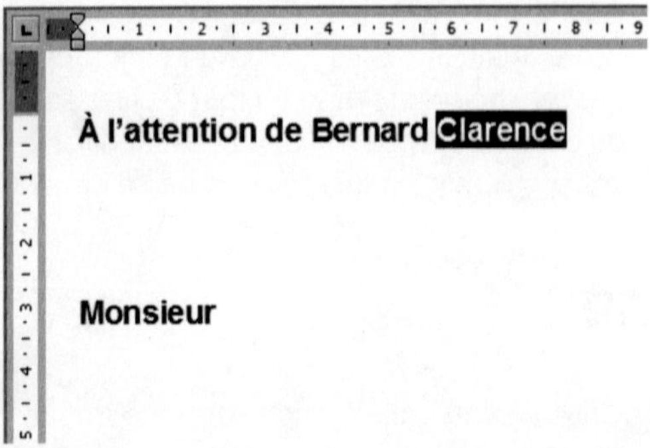

5 Placez le curseur là où devra commencer le texte copié ou déplacé.

NOTE Les étapes 5 à 8 peuvent s'effectuer dans un autre document.

6 Tapez la touche **Ctrl** et ne la relâchez pas.

7 En maintenant la touche **Ctrl** enfoncée, tapez la touche **V** et relâchez-la.

8 Relâchez la touche **Ctrl**. Le texte apparaît au nouvel endroit, et le texte qui suivait le curseur se décale vers la droite pour faire place au nouveau. S'il s'agit d'une copie, le texte original reste à son emplacement d'origine. S'il s'agit d'un déplacement, le texte original disparaît de sa position initiale.

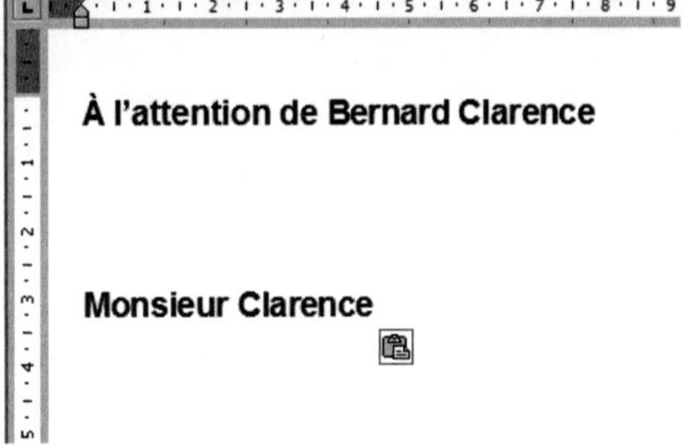

NOTE

Quand vous collez le texte, une petite icône apparaît : une *balise active*. Cliquer dessus affiche un petit menu depuis lequel vous pouvez choisir une mise en forme particulière pour le texte copié ou déplacé. Si vous ne voulez pas modifier le texte collé, poursuivez simplement votre saisie : la balise disparaîtra.

Résumé

Récapitulons : vous savez saisir un texte même complexe, vous y déplacer, réparer toutes sortes d'erreurs et d'oublis commis au cours de la frappe, et sélectionner n'importe quel bloc de texte. Que diriez-vous maintenant d'apprendre à améliorer l'apparence de votre texte en changeant sa mise en forme ?

ETAPE

7

J'améliore la présentation de mon document Word

DANS CETTE ÉTAPE :

- **Changer le style et la taille de caractères**
- **Changer la disposition des paragraphes**
- **Aérer le texte pour une meilleure lisibilité**
- **Retirer une mise en forme**
- **Copier une mise en forme**
- **Remplir et modifier des tableaux**

Bien sûr, créer un document sans savoir saisir est inenvisageable. Mais que penser d'un texte uniforme, sans variation de taille ni de style dans les caractères, avec des lignes collées les unes aux autres ? Fort des techniques de sélection acquises à l'étape 5, apprenez maintenant à rendre votre document plus lisible et plus attrayant.

Embellissez votre texte

Word propose quantité de fonctions pour mettre un texte en forme. Les principales sont accessibles directement depuis le clavier, vous évitant ainsi de longs détours par des boîtes de dialogue ou la barre d'outils **Mise en forme**. Dans la plupart des sections suivantes, vous aurez besoin d'effectuer des sélections et des déplacements précis. En cas de doute sur la marche à suivre, consultez l'étape 5.

Changez l'apparence des caractères

Deux techniques aussi efficaces l'une que l'autre s'offrent à vous :

- saisir puis sélectionner les caractères à mettre en forme et leur appliquer la mise en forme souhaitée ;
- définir la mise en forme, puis saisir les caractères à affecter et désactiver la mise en forme.

QUESTION RÉPONSE

Existe-t-il une manière rapide d'accéder à la boîte de dialogue *Police* pour appliquer des mises en forme inaccessibles depuis le clavier ? Oui. Tout en maintenant la touche **Ctrl** enfoncée, tapez la touche **D** et relâchez-la.

Dans les sections suivantes, relatives à la mise en forme de caractères, nous avons choisi d'utiliser la première méthode. Auparavant, arrêtons-nous le temps d'un petit exercice sur la deuxième, afin de vous familiariser avec elle.

Exercez-vous !

Le texte à saisir est des plus simples (« le renard roux »), mais comment feriez-vous pour ne mettre que « renard » en gras sans le sélectionner ?

1. Saisissez « le » et l'espace qui suit en tapant successivement les touches **L**, **E** et la **barre d'espace**.
2. Appuyez sur la touche **Ctrl** et ne la relâchez pas.

3 En maintenant la touche **Ctrl** enfoncée, tapez la touche **G** et relâchez-la, afin d'activer la mise en gras.

4 Relâchez la touche **Ctrl**.

5 Saisissez « renard » en tapant successivement les touches **R**, **E**, **N**, **A**, **R** et **D**. Vous constatez que chaque caractère apparaît en gras.

6 Appuyez sur la touche **Ctrl** et ne la relâchez pas.

7 En maintenant la touche **Ctrl** enfoncée, tapez la touche **G** et relâchez-la, afin de désactiver la mise en gras.

8 Relâchez la touche **Ctrl**.

9 Saisissez « roux » et l'espace qui précède en tapant successivement la barre d'espace et les touches **R**, **O**, **U** et **X**. Ces nouveaux caractères n'apparaissent plus en gras, mais en maigre.

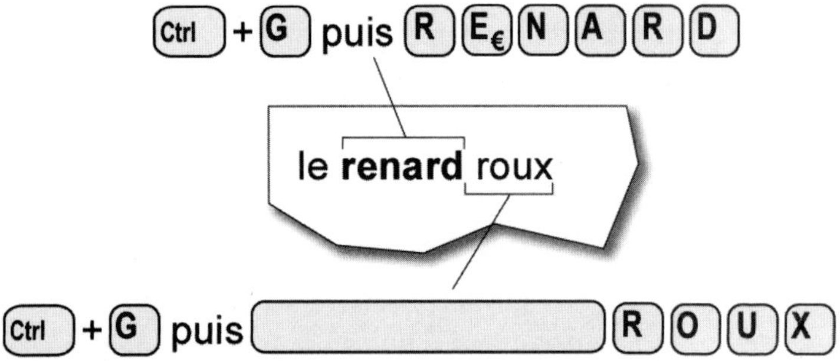

Appliquez une mise en gras ou en italique

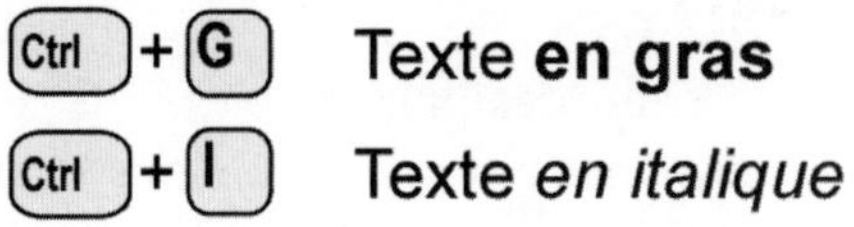

1 Sélectionnez les caractères à mettre en gras ou en italique.

2 Appuyez sur la touche **Ctrl** et ne la relâchez pas.

3 En maintenant la touche **Ctrl** enfoncée et selon que vous voulez mettre les caractères en gras ou en italique, tapez respectivement la touche **G** ou **I** et relâchez-la.

NOTE Vous pouvez taper *successivement* les touches **G** et **I** à l'étape 3 pour mettre le texte à la fois en gras et en italique. N'abusez toutefois pas des mises en forme trop chargées. Évitez notamment les textes à la fois en gras, en italique et soulignés.

4 Relâchez la touche **Ctrl**.

5 Désélectionnez le texte.

Appliquez un soulignement

Ctrl + U — Mots et espaces soulignés

Alt + ⇧ + U — Espaces non soulignés

Alt + Ctrl + U — Soulignement double

1 Sélectionnez les caractères à souligner.

2 Appuyez sur la touche **Ctrl** et ne la relâchez pas.

3 En maintenant la touche **Ctrl** enfoncée, tapez la touche **U** et relâchez-la.

4 Relâchez la touche **Ctrl**.

5 Désélectionnez le texte.

LE SAVIEZ-VOUS ? Sans doute auriez-vous trouvé plus facile de mémoriser la touche S que la touche U pour le soulignement. Là encore, ce raccourci émane directement des États-Unis, où « souligné » se dit « underlined ». Et savez-vous quel rôle joue le raccourci clavier **Ctrl+S** ? Il permet d'enregistrer votre document (car « enregistrer » se dit « save » chez les Anglo-saxons…). Essentiel, lui aussi, donc !

QUESTION RÉPONSE **Suis-je obligé d'appliquer un soulignement unique ?** Non. Si vous maintenez la touche **Alt** enfoncée en plus de la touche **Ctrl** pendant l'étape 3 ci-dessus, vous appliquez un soulignement double.

Si vous avez souligné plusieurs mots, vous aurez constaté que Word souligne également les espaces entre les termes. Il est néanmoins très facile de souligner uniquement les mots :

1 Sélectionnez les mots à souligner.

2 Appuyez sur la touche **Alt** et ne la relâchez pas.

3 En maintenant la touche **Alt** enfoncée, tapez la touche **Maj** et maintenez-la enfoncée, elle aussi.

4 Sans relâcher les touches **Alt** et **Maj**, tapez la touche **U** et relâchez-la.

5 Relâchez les touches **Alt** et **Maj**.

6 Désélectionnez le texte.

Changez la taille des caractères

Ctrl + ⇧ + >/< Petits caractères

Ctrl + ⇧ + Alt + >/< Grands caractères

Pour réduire les caractères sélectionnés :

1 Sélectionnez les caractères à changer de taille.

2 Appuyez sur la touche **Ctrl** et ne la relâchez pas.

3 Sans relâcher la touche **Ctrl**, tapez la touche **Maj** et maintenez-la enfoncée, elle aussi.

4 Sans relâcher les touches **Ctrl** et **Maj**, appuyez sur la touche **<** autant de fois que nécessaires pour que les caractères aient la taille souhaitée (la zone **Taille de la police** dans la barre d'outils **Mise en forme** indique la taille exacte).

5 Relâchez les touches **Ctrl** et **Maj**.

6 Désélectionnez le texte.

Pour agrandir les caractères sélectionnés :

1 Répétez les étapes 1 à 3 ci-dessus.

2 Sans relâcher les touches **Ctrl** et **Maj**, tapez la touche **Alt** et maintenez-la enfoncée, elle aussi.

3 Sans relâcher les touches **Ctrl**, **Maj** et **Alt**, appuyez sur la touche **<** autant de fois que nécessaires pour que les caractères aient la taille souhaitée.

4 Relâchez les touches **Ctrl**, **Maj** et **Alt**.

5 Désélectionnez le texte.

Créez des indices et des exposants

En réalisant ces deux petites procédures, vous constaterez que Word change à la fois la position des caractères par rapport à la ligne de base et leur taille. Pas de panique. Tout est normal !

Pour inscrire les caractères sélectionnés en indice :

1 Sélectionnez les caractères à inscrire en indice.

2 Appuyez sur la touche **Ctrl** et ne la relâchez pas.

3 Sans relâcher la touche **Ctrl**, tapez la touche **=** et relâchez-la.

4 Relâchez la touche **Ctrl**.

5 Désélectionnez le texte.

Pour inscrire les caractères sélectionnés en exposant :

1 Sélectionnez les caractères à inscrire en exposant.

2 Appuyez sur la touche **Ctrl** et ne la relâchez pas.

3 Sans relâcher la touche **Ctrl**, tapez la touche **Maj** et maintenez-la enfoncée, elle aussi.

4 Sans relâcher les touches **Ctrl** et **Maj**, appuyez sur la touche **=** et relâchez-la.

5 Relâchez les touches **Ctrl** et **Maj**.

6 Désélectionnez le texte.

Retirez les mises en forme inutiles

1 Sélectionnez les caractères dont vous voulez retirer la mise en forme.

2 Appuyez sur la touche **Ctrl** et ne la relâchez pas.

3 Sans relâcher la touche **Ctrl**, tapez la **barre d'espace** et relâchez-la.

4 Relâchez la touche **Ctrl**.

5 Désélectionnez le texte.

QUESTION RÉPONSE

J'ai bien tapé le raccourci clavier Ctrl+barre d'espace, mais le texte est resté souligné et en gras. Pourquoi ? Pour être très exact, cette combinaison de touches retire toute mise en forme appliquée *manuellement*. Autrement dit, elle rétablit la mise en forme définie par le style de caractères Police par défaut. Si ces caractères se trouvent dans un paragraphe de style Titre 1, par exemple, qui définit une mise en gras et un soulignement pour les caractères, la combinaison de touches **Ctrl+barre d'espace** ne permet pas de retirer cette mise en forme. En revanche, si vous mettez en plus manuellement en italique ces caractères et que vous tapez ensuite **Ctrl+barre d'espace**, vous supprimez la mise en italique.

Exercez-vous !

Vous connaissez maintenant les principaux raccourcis clavier pour mettre vos caractères en forme. Un petit exercice vous permettra de les mémoriser encore plus facilement. Imaginez le texte « $^{4+5}$= 5+4 ». Étrange mise en forme, s'il en est. Comment pouvez-vous réinscrire les caractères 4+5 sur la même ligne que les autres, augmenter leur taille de deux points et les mettre en gras ?

1 Sélectionnez les caractères 4+5.

2 Pour supprimer la mise en exposant, commencez par appuyer sur la touche **Ctrl** et ne la relâchez pas.

3 Sans relâcher la touche **Ctrl**, tapez la **barre d'espace** et relâchez-la. Les caractères 4+5 retrouvent une position et une taille normales.

4 Pour appliquer la mise en gras, maintenez toujours la touche **Ctrl** enfoncée et tapez la touche **G**, puis relâchez-la. 4+5 apparaît maintenant en gras. Il ne reste plus qu'à augmenter la taille de ces caractères.

5 En maintenant la touche **Ctrl** enfoncée, tapez la touche **Maj** et maintenez-la enfoncée, elle aussi.

6 Sans relâcher les touches **Ctrl** et **Maj**, appuyez sur la touche **Alt** et maintenez-la enfoncée, elle aussi.

7 Sans relâcher les touches **Ctrl**, **Maj** et **Alt**, appuyez deux fois sur la touche **<**. Si vous observez la zone **Taille de la police** dans la barre d'outils **Mise en forme**, vous constaterez que la taille des caractères augmente de deux points. Notre objectif est atteint !

8 Relâchez les touches **Ctrl**, **Maj** et **Alt**.

9 Désélectionnez le texte.

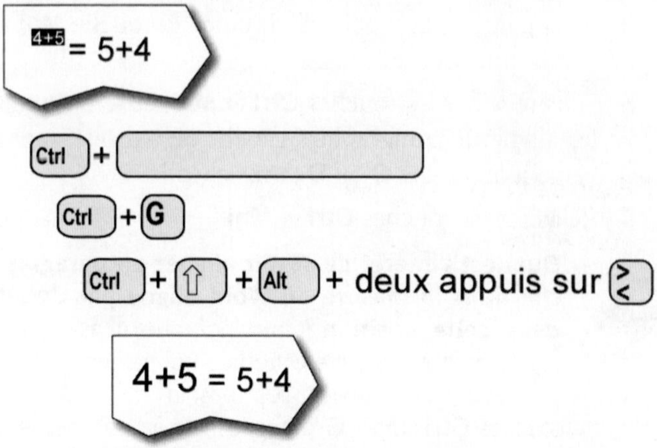

Changez l'apparence des paragraphes

Comme pour les caractères, il existe deux manières de mettre des paragraphes en forme :

- Pour mettre en forme un seul paragraphe, placez le curseur dedans et appliquez la mise en forme souhaitée.
- Pour appliquer la même mise en forme à plusieurs paragraphes qui se suivent, sélectionnez ceux-ci et appliquez la mise en forme souhaitée.

Changez l'alignement

Ctrl + ⇧ + G

Aligné à gauche

Aligné à droite

Ctrl + ⇧ + D

1 Appuyez sur la touche **Ctrl** et maintenez-la enfoncée.

2 Sans relâcher la touche **Ctrl**, tapez la touche **Maj** et maintenez-la enfoncée, elle aussi.

3 Sans relâcher les touches **Ctrl** et **Maj**, et selon que vous voulez aligner le paragraphe à gauche ou à droite, tapez respectivement la touche **G** ou **D** et relâchez-la.

4 Relâchez les touches **Ctrl** et **Maj**.

QUESTION RÉPONSE

Quel est l'intérêt de savoir aligner un paragraphe à gauche dans la mesure où Word aligne par défaut le texte dans cette position ? Imaginez que dans trois jours, vous regrettiez d'avoir centré votre titre qui ne sera finalement qu'un sous-titre. N'aurez-vous pas besoin de la combinaison de touches **Ctrl+Maj+G** pour de nouveau aligner le paragraphe contre la marge gauche ?

Centrez ou justifiez certains paragraphes

Ctrl + E

Ctrl + J

Ce paragraphe est centré.
Ses lignes sont de longueur
inégale.

Ce paragraphe est justifié. Toutes ses lignes sont de même longueur. Ce paragraphe est justifié. Toutes ses lignes sont de même longueur.

TERME À CONNAÎTRE

Justifier. Disposer les lignes d'un paragraphe de telle sorte qu'elles s'étendent toutes de la marge gauche à la marge droite et qu'elles aient donc toutes la même longueur, à l'exception, souvent, de la dernière. Pour assurer cette mise en forme, Word augmente l'espace entre les mots et les caractères autant que nécessaire.

1 Appuyez sur la touche **Ctrl** et maintenez-la enfoncée.

2 En maintenant la touche **Ctrl** enfoncée et selon que vous voulez aligner centrer ou justifier le paragraphe, tapez respectivement la touche **E** ou **J** et relâchez-la.

3 Relâchez la touche **Ctrl**.

CONSEIL

Ne créez *jamais* de colonnes en alignant les éléments grâce à des espaces générés par la **barre d'espace**. Premièrement, tous les caractères n'occupant pas la même largeur (voyez le i et le m, par exemple), il est impossible d'obtenir un alignement parfait. Deuxièmement, dès que vous ajoutez ou supprimez des caractères dans la première colonne, vous perdez l'alignement approximatif qui existait auparavant.

CONSEIL

Ne centrez *jamais* un texte de manière approximative avec la **barre d'espace**. Premièrement, il est impossible d'obtenir un centrage parfait, même avec un œil exercé. Deuxièmement, dès que vous ajoutez ou supprimez des caractères avant le texte « centré » ou dans ce texte, cela fausse votre positionnement manuel.

Appliquez des retraits

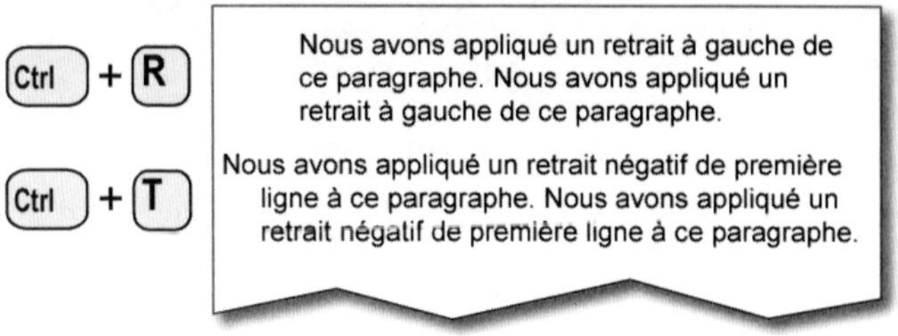

Vous pouvez appliquer deux types de retraits depuis le clavier. Le premier est un retrait traditionnel à gauche du paragraphe.

1 Appuyez sur la touche **Ctrl** et maintenez-la enfoncée.
2 En maintenant la touche **Ctrl** enfoncée, tapez la touche **R** et relâchez-la.
3 Répétez l'étape 2 jusqu'à obtenir le retrait souhaité.
4 Relâchez la touche **Ctrl**.

Le second type de retrait applicable est un retrait négatif de première ligne.

TERME À CONNAÎTRE

Retrait négatif de première ligne. Mise en forme dans laquelle toutes les lignes du paragraphe sont décalées vers la droite, à l'exception de la première.

1 Appuyez sur la touche **Ctrl** et maintenez-la enfoncée.
2 En maintenant la touche **Ctrl** enfoncée, tapez la touche **T** et relâchez-la.
3 Relâchez la touche **Ctrl**.

QUESTION RÉPONSE

Le retrait est beaucoup trop grand. Il ne convient pas du tout. Comment puis-je l'annuler ? Répétez simplement la procédure ci-dessus, en maintenant la touche **Maj** enfoncée en plus de la touche **Ctrl** pendant l'étape 2.

Augmentez l'espacement entre les lignes

Alt + ⇧ + L et Ctrl + 5 ([

Pour appliquer un interligne double :

1 Appuyez sur la touche **Alt** et maintenez-la enfoncée.
2 Sans relâcher la touche **Alt**, appuyez sur la touche **Maj** et maintenez-la enfoncée, elle aussi.
3 Sans relâcher les touches **Alt** et **Maj**, tapez la touche **L** et relâchez-la.
4 Relâchez les touches **Alt** et **Maj**.

Pour appliquer un interligne de 1,5 :

1 Appuyez sur la touche **Ctrl** et maintenez-la enfoncée.
2 En maintenant la touche **Ctrl** enfoncée, tapez la touche **(** et relâchez-la.
3 Relâchez la touche **Ctrl**.

Augmentez l'espacement entre les paragraphes

Ctrl + 0 à @

1 Appuyez sur la touche **Ctrl** et maintenez-la enfoncée.
2 En maintenant la touche **Ctrl** enfoncée, tapez la touche **à** et relâchez-la.
3 Relâchez la touche **Ctrl**.

CONSEIL

Pour augmenter l'espace entre des paragraphes, mieux vaut éviter d'insérer des paragraphes vides. Il est toujours préférable d'appliquer à ces paragraphes une mise en forme qui prévoie un espacement plus important avant et/ou après chacun d'eux, soit par le biais du raccourci clavier **Ctrl+à** montré ici, soit grâce à la rubrique **Espacement** de la boîte de dialogue **Paragraphe**. Cela rendra votre mise en pages plus efficace.

Gagnez du temps avec les styles

Ctrl + ⇧ + N

Ctrl + ⇧ + 1 &

Ctrl + ⇧ + 2 é ~

Ctrl + ⇧ + 3 " #

1 Appuyez sur la touche **Ctrl** et maintenez-la enfoncée.
2 Sans relâcher la touche **Ctrl**, appuyez sur la touche **Maj** et maintenez-la enfoncée, elle aussi.

3 Sans relâcher les touches **Ctrl** et **Maj**, tapez l'une des touches suivantes et relâchez-la, selon le style à appliquer :

- touche **N** pour appliquer le style Normal,
- touche **&**, **é** ou **"** pour appliquer respectivement le style Titre 1, Titre 2, ou Titre 3.

4 Relâchez les touches **Ctrl** et **Maj**.

CONSEIL

Quand vous créez un document avec des titres, il est toujours préférable d'utiliser les styles Titre paramétrés à votre convenance, plutôt que de mettre chaque titre en forme un à un. Cette manière de procéder est non seulement plus rapide, mais également plus fiable. En effet, il suffit de définir la mise en forme une seule fois pour pouvoir ensuite l'appliquer partout où vous le souhaitez. Par ailleurs, elle garantit que tous les paragraphes dotés du même style seront mis en forme à l'identique.

QUESTION RÉPONSE

Comment appliquer les autres styles depuis le clavier ? Si la zone **Style** est visible dans la barre d'outils **Mise en forme**, répétez la procédure ci-dessus, en tapant la touche **S** à l'étape 3, afin d'activer cette zone **Style**. Appuyez ensuite sur la touche **Flèche Bas** jusqu'à ce que le style désiré soit sélectionné. Tapez finalement la touche **Entrée** pour appliquer le style.

Retirez les mises en forme inutiles

Ctrl + Q

1 Appuyez sur la touche **Ctrl** et maintenez-la enfoncée.

2 En maintenant la touche **Ctrl** enfoncée, tapez la touche **Q** et relâchez-la.

3 Relâchez la touche **Ctrl**.

QUESTION RÉPONSE

J'ai bien tapé le raccourci clavier Ctrl+Q, mais mes titres sont restés en retrait. Pourquoi ? Pour être très exact, cette combinaison de touches retire toute mise en forme appliquée *manuellement*. Autrement dit, elle rétablit la mise en forme définie par le style appliqué à ces paragraphes. Si ceux-ci sont dotés du style Titre 3, par exemple, qui définit une mise en retrait, la combinaison de touches **Ctrl+Q** ne permet pas de retirer cette indentation. En revanche, si vous augmentez manuellement l'interlignage de ces paragraphes et que vous tapez ensuite **Ctrl+Q**, vous retrouvez un interligne simple.

Exercez-vous !

Que diriez-vous d'utiliser quelques raccourcis clavier vus dans les sections consacrées à la mise en forme de paragraphes pour mettre la citation suivante en valeur ?

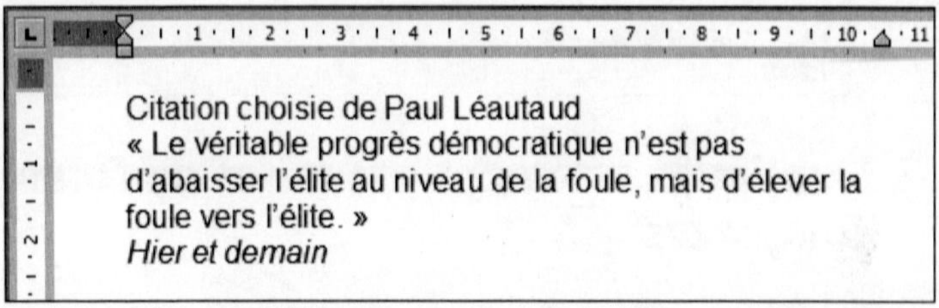

Votre objectif est d'espacer le deuxième paragraphe des autres, de le centrer et de doubler l'espace entre ses lignes. Prêt ?

1. Le deuxième paragraphe étant le seul à mettre en forme, contentez-vous d'y placer le curseur.
2. Pour augmenter l'espace avant et après le paragraphe, commencez par appuyer sur la touche **Ctrl** et ne la relâchez pas.
3. Sans relâcher la touche **Ctrl**, tapez la touche **à** et relâchez-la. Le paragraphe s'éloigne des deux autres.
4. Pour centrer la citation, maintenez toujours la touche **Ctrl** enfoncée et tapez la touche **E**, puis relâchez-la.
5. Relâchez la touche **Ctrl**. Le paragraphe est maintenant centré. Il ne reste plus qu'à doubler son interlignage.
6. Appuyez sur la touche **Alt** et maintenez-la enfoncée.
7. Sans relâcher la touche **Alt**, appuyez sur la touche **Maj** et maintenez-la enfoncée, elle aussi.
8. Sans relâcher les touches **Alt** et **Maj**, tapez la touche **L** et relâchez-la.

9 Relâchez les touches **Alt** et **Maj**. C'est terminé !

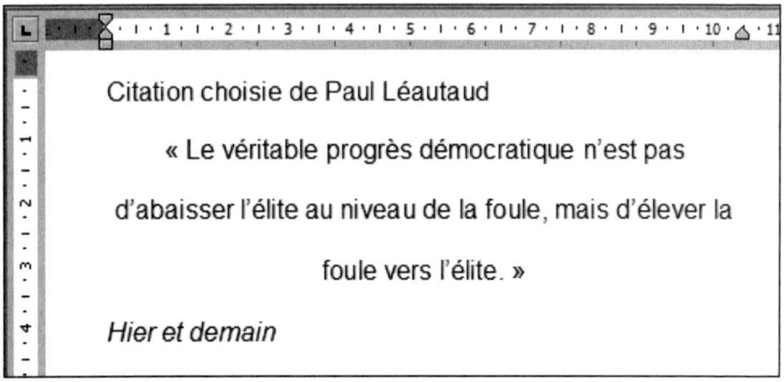

Dupliquez aisément des mises en forme complexes

Quand vous devez appliquer la même mise en forme complexe (par exemple, une mise en gras, un soulignement et une taille de caractères de 10 points) à plusieurs textes, vous pouvez gagner un temps précieux en la copiant. Vous n'aurez ainsi pas à la redéfinir à chaque fois.

CONSEIL N'oubliez pas les styles ! Pour mettre des titres en forme, par exemple, mieux vaut éviter la copie de mise en forme. Définissez plutôt un style en y intégrant la mise en forme souhaitée et appliquez ce style aux titres. Si jamais vous deviez changer cette mise en forme par la suite, vous n'aurez ainsi à le faire qu'une seule fois.

1. Sélectionnez le texte dont vous voulez copier la mise en forme. Pour copier la mise en forme d'un paragraphe, n'oubliez pas d'intégrer la marque de paragraphe finale dans votre sélection.
2. Appuyez sur la touche **Ctrl** et maintenez-la enfoncée
3. Sans relâcher la touche **Ctrl**, appuyez sur la touche **Maj** et maintenez-la enfoncée, elle aussi.
4. Sans relâcher les touches **Ctrl** et **Maj**, tapez la touche **C** et relâchez-la.

5 Relâchez les touches **Ctrl** et **Maj**.

6 Sélectionnez le texte à doter de la mise en forme copiée.

7 Répétez les étapes 2 à 5 ci-dessus, en tapant cette fois la touche **V** à l'étape 4.

8 Désélectionnez le texte.

Trouvez votre chemin dans les tableaux

Vous serez peut-être surpris de pouvoir laisser votre souris au repos même pendant votre travail dans un tableau : saisie, sélections, déplacements, tout peut en effet s'effectuer depuis le clavier.

Ajoutez et supprimez du texte

Le texte se saisit dans une cellule de tableau pratiquement de la même manière que dans un bloc de texte traditionnel. Vous pouvez taper toutes sortes de caractères, créer des paragraphes, des sauts de lignes et même répartir un tableau sur plusieurs pages en insérant un saut de page depuis la ligne qui devra commencer la nouvelle page.

Un point important diffère, néanmoins : l'emploi de tabulations. Comme nous le verrons tout à l'heure, appuyer sur la touche **Tab** ne crée pas de tabulation, mais déplace le curseur dans la cellule suivante. Pour insérer une tabulation, vous devez certes taper la touche **Tab**, mais en appuyant simultanément sur la touche **Ctrl**.

Signalons également une particularité de Word qui pourrait bien vous énerver peu à peu... Souvent, vous ne voudrez pas commencer le texte des cellules par une lettre capitale, mais par une minuscule. Et pourtant, vous verrez parfois se transformer soudain la minuscule que vous aviez saisie en majuscule. Une intervention de Word censée vous éviter des oublis, qui se peut au final se révéler très irritante. Pour que le logiciel n'interfère pas dans votre frappe, décochez l'option **Majuscule en début de cellule** dans l'onglet **Correction automatique** de la boîte de dialogue **Options de correction automatique**, accessible depuis le menu **Outils**.

Concernant la suppression de texte dans un tableau, rien de révolutionnaire. Vous pouvez appliquer les mêmes règles que dans un texte traditionnel.

Naviguez de cellule en cellule

Pour déplacer le curseur dans le texte d'une cellule, il suffit d'appliquer les mêmes règles que celles employées dans un texte traditionnel (consultez la section « Naviguez à pleine vapeur », dans l'étape 5). Par exemple, appuyer sur la touche **Fin** déplace le curseur à la fin de la ligne de texte en cours. La seule nouveauté concerne le déplacement entre les cellules.

Accédez à la cellule suivante ou précédente

Pour accéder à la cellule suivante :

1. Appuyez sur la touche **Tab** et relâchez-la. Si la cellule suivante renferme du texte, celui-ci est sélectionné.
2. Pour désélectionner le texte, tapez respectivement la touche **Flèche Gauche** ou **Flèche Droite**, selon que vous voulez placer le curseur au début ou à la fin de la cellule.

Pour accéder à la cellule précédente :

1. Appuyez sur la touche **Maj** et ne la relâchez pas.
2. En maintenant la touche **Maj** enfoncée, tapez la touche **Tab** et relâchez-la. Si la cellule précédente renferme du texte, celui-ci est sélectionné.
3. Relâchez la touche **Maj**.
4. Pour désélectionner le texte, tapez respectivement la touche **Flèche Gauche** ou **Flèche Droite**, selon que vous voulez placer le curseur au début ou à la fin de la cellule.

NOTE Taper la combinaison de touches **Maj+Tab** quand le curseur se trouve dans la première cellule du tableau reste sans effet.

Naviguez de ligne en ligne

1. Selon que vous voulez accéder à la ligne suivante ou précédente, tapez respectivement la touche **Flèche Bas** ou **Flèche Haut** et relâchez-la.

NOTE Si le texte de la cellule en cours s'étend sur plusieurs lignes, vous devrez peut-être répéter l'étape 1 plusieurs fois, selon l'emplacement initial du curseur.

Rendez-vous au début ou à la fin de la ligne en cours

Alt + ↖ et Alt + Fin

1 Appuyez sur la touche **Alt** et ne la relâchez pas.

2 En maintenant la touche **Alt** enfoncée et selon que vous voulez déplacer le curseur dans la première ou la dernière cellule de la ligne en cours, tapez respectivement la touche **Origine** ou **Fin** et relâchez-la.

3 Relâchez la touche **Alt**.

Rendez-vous au début ou à la fin de la colonne en cours

Alt + ⇞ et Alt + ⇟

1 Appuyez sur la touche **Alt** et ne la relâchez pas.

2 En maintenant la touche **Alt** enfoncée et selon que vous voulez déplacer le curseur dans la première ou la dernière cellule de la colonne, tapez respectivement la touche **Pg Préc** ou **Pg Suiv** et relâchez-la.

3 Relâchez la touche **Alt**.

Exercez-vous !

Prenons un petit tableau très simple.

1	2	1
12	6	3
9	6	1

Vous constatez que le curseur se trouve dans la deuxième cellule de la première ligne. Comment feriez-vous pour remplacer le 1 de la dernière cellule des première et dernière lignes par un 3 ?

1 Pour accéder à la dernière cellule de la première ligne qui est en fait la cellule suivante, appuyez sur la touche **Tab** et relâchez-la. Le contenu de la dernière cellule de la première ligne

est sélectionné. Comme nous voulons le remplacer, il est inutile de le désélectionner.

2 Pour saisir le 3, commencez par vous assurer que le pavé numérique est verrouillé : le témoin **Num Lock** doit être allumé. S'il ne l'est pas, tapez la touche **Verr Num** et relâchez-la.

3 Dans le pavé numérique, tapez la touche **3** et relâchez-la.

4 Pour accéder à la dernière cellule de la dernière colonne, appuyez sur la touche **Alt** et ne la relâchez pas.

5 En maintenant la touche **Alt** enfoncée, tapez la touche **Pg Suiv** et relâchez-la.

6 Relâchez la touche **Alt**.

7 Le curseur se trouvant juste devant le 1 que nous devons remplacer par un 3, appuyez sur la touche **Suppr** et relâchez-la. La cellule est désormais vide.

8 Dans le pavé numérique, tapez la touche **3** et relâchez-la. Votre mission est terminée.

Sachez sélectionner l'élément à manipuler

Là encore, les règles de sélection du texte présent dans une cellule sont les mêmes que celles utilisées dans un texte traditionnel (consultez la section « Percez le secret des sélections », dans l'étape 5). Par exemple, taper le raccourci clavier **Ctrl+Maj+Flèche Gauche** sélectionne le mot qui précède le curseur. Reste à découvrir comment sélectionner des cellules, des lignes ou des colonnes entières.

Sélectionnez le contenu de la cellule suivante ou précédente

Sans doute l'aviez-vous déjà remarqué : pour sélectionner le contenu de la cellule suivante ou précédente, il suffit en fait d'accéder à la cellule en question selon la méthode décrite à la section *« Naviguez de cellule en cellule »*, plus tôt dans cette étape.

Sélectionnez des cellules adjacentes

Ctrl + ↑

Ctrl + ↓

Ctrl + ←

Ctrl + →

1 Sélectionnez le contenu de la première cellule à intégrer dans la sélection.
2 Appuyez sur la touche **Maj** et ne la relâchez pas.
3 En maintenant la touche **Maj** enfoncée et selon l'emplacement des cellules à sélectionner, tapez successivement les touches **Flèche Haut**, **Flèche Bas**, **Flèche Gauche** et/ou **Flèche Droite** jusqu'à avoir sélectionné toutes les cellules souhaitées.
4 Relâchez la touche **Maj**.

C'est bien sûr cette même technique qui permet de sélectionner des lignes ou colonnes complètes. Vous pouvez néanmoins gagner alors quelques secondes en positionnant astucieusement le curseur :

- Pour sélectionner une ligne, placez le curseur à la fin de la première cellule de cette ligne et répétez les étapes 2 à 4 ci-dessus, en utilisant la touche **Flèche Droite** à l'étape 3.
- Pour sélectionner une colonne, placez le curseur à la fin de la première cellule de cette colonne et répétez les étapes 2 à 4 ci-dessus, en utilisant la touche **Flèche Bas** à l'étape 3.

Sélectionnez tout votre tableau

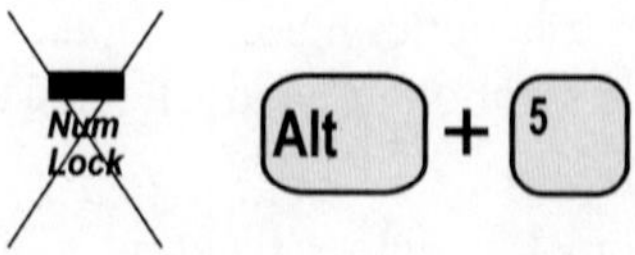

1 Placez le curseur n'importe où dans le tableau.

2 Déverrouillez le pavé numérique : le témoin **Num Lock** doit être éteint. S'il ne l'est pas, tapez la touche **Verr Num** et relâchez-la.

3 Appuyez sur la touche **Alt** et ne la relâchez pas.

4 En maintenant la touche **Alt** enfoncée, tapez la touche **5** dans le pavé numérique et relâchez-la.

5 Relâchez la touche **Alt**.

Sachez désélectionner des cellules le moment venu

- Pour désélectionner toutes les cellules sélectionnées, tapez une touche fléchée, comme **Flèche Bas**, et relâchez-la.
- Pour désélectionner la ou les dernières cellules sélectionnées, maintenez la touche **Maj** enfoncée et appuyez sur la touche opposée à celle qui vous a permis d'effectuer la sélection. Par exemple, si vous avez sélectionné une ligne grâce à la touche **Flèche Droite**, tapez la touche **Flèche Gauche** autant de fois que le nombre de cellules à désélectionner dans cette ligne, sans relâcher la touche **Maj**.

Maîtrisez la copie et le déplacement de lignes et de colonnes

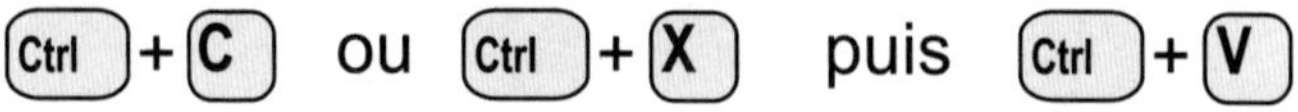

Il est important de bien maîtriser les techniques de copie et de déplacement de lignes et de colonnes, car elles servent de base à la création et à la suppression de lignes et de colonnes.

Pour copier ou déplacer des lignes :

1 Sélectionnez la ou les lignes à copier ou à déplacer, en veillant à inclure le symbole ¤ à droite de la dernière cellule de chaque ligne.

2 Appuyez sur la touche **Ctrl** et ne la relâchez pas.

3 En maintenant la touche **Ctrl** enfoncée, tapez respectivement la touche **C** ou **X**, selon que vous voulez copier ou déplacer la ou les lignes.

4 Relâchez la touche **Ctrl**.

5 Placez le curseur dans la première cellule de la ligne qui devra suivre la ou les lignes copiées ou déplacées.

6 Appuyez sur la touche **Ctrl** et ne la relâchez pas.

7 En maintenant la touche **Ctrl** enfoncée, tapez la touche **V**.

8 Relâchez la touche **Ctrl**.

Pour copier ou déplacer des colonnes :

1 Sélectionnez la ou les colonnes à copier ou à déplacer.

2 Répétez les étapes 2 à 4 ci-dessus.

3 Placez le curseur dans la première cellule de la colonne qui devra suivre la ou les colonnes copiées ou déplacées. Pour coller la ou les colonnes de l'étape 1 à droite de la dernière colonne du tableau, placez le curseur juste avant le symbole ¤ à droite de la dernière cellule de la première ligne.

4 Répétez les étapes 6 à 8 ci-dessus.

Exercez-vous !

Imaginez que vous disposiez d'un tableau de cinq lignes et de quatre colonnes. Quelle serait la marche à suivre pour copier la deuxième colonne à la droite de la dernière ?

1 Placez le curseur à la fin de la première cellule de la deuxième colonne.

Nom	Prénom	Date de naissance	Cotisation 2003
Bertrand	Marc	02 08 1952	Payée
Champion	Alain	08 11 1963	En attente
Humbert	Sylvie	10 04 1971	Payée
Tameron	Jacques	05 02 1964	Payée

2 Appuyez sur la touche **Maj** et ne la relâchez pas.

3 En maintenant la touche **Maj** enfoncée, tapez quatre fois la touche **Flèche Bas** pour sélectionner toutes les cellules de la deuxième colonne.

4 Relâchez la touche **Maj**.

5 Appuyez sur la touche **Ctrl** et ne la relâchez pas.

6 En maintenant la touche **Ctrl** enfoncée, tapez la touche **C**.

7 Relâchez la touche **Ctrl**.

Nom	Prénom	Date de naissance	Cotisation 2003
Bertrand	Marc	02 08 1952	Payée
Champion	Alain	08 11 1963	En attente
Humbert	Sylvie	10 04 1971	Payée
Tameron	Jacques	05 02 1964	Payée

8 Tapez trois fois la touche **Flèche Droite**, afin de placer le curseur à droite de la dernière cellule de la première ligne, juste devant le symbole ¤.

9 Appuyez sur la touche **Ctrl** et ne la relâchez pas.

10 En maintenant la touche **Ctrl** enfoncée, tapez la touche **V**.

11 Relâchez la touche **Ctrl**. Une deuxième version de deuxième colonne apparaît à droite de la dernière colonne du tableau. Bravo !

Nom	Prénom	Date de naissance	Cotisation 2003	Prénom
Bertrand	Marc	02 08 1952	Payée	Marc
Champion	Alain	08 11 1963	En attente	Alain
Humbert	Sylvie	10 04 1971	Payée	Sylvie
Tameron	Jacques	05 02 1964	Payée	Jacques

Ajoutez les lignes et colonnes manquantes

La technique d'ajout la plus simple est celle qui consiste à insérer une nouvelle ligne au bas d'un tableau :

1 Placez le curseur dans la dernière cellule du tableau.

2 Tapez la touche **Tab** et relâchez-la.

1	2	3
4	5	6
7	8	9

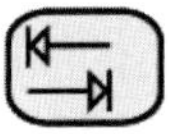

1	2	3
4	5	6
7	8	9

Pour ajouter sinon de véritables lignes ou colonnes depuis le clavier, il faut employer des moyens détournés.

1 Selon que vous ajouter une ligne ou colonne, copiez-collez une ligne ou colonne à l'endroit souhaité (consultez la section précédente : *« Maîtrisez la copie et le déplacement de lignes et de colonnes »*).

NOTE

Vous pouvez ajouter plusieurs lignes ou colonnes à la fois en copiant-collant le nombre de nouvelles lignes ou colonnes souhaitées à l'étape 1.

2 Juste après que vous avez collé la ligne ou colonne, tout le texte de celle-ci est sélectionné. Appuyez alors simplement sur la touche **Suppr** et relâchez-la. Tout le contenu de la ligne ou colonne est effacé, mais pas la ligne ou colonne elle-même : il ne vous reste plus qu'à y saisir le texte souhaité !

Supprimez les lignes et colonnes inutiles

Ctrl + **X**

Si vous tentez de supprimer une ligne ou colonne sélectionnée en appuyant sur la touche **Suppr**, vous constaterez que seul son contenu disparaît. Les cellules demeurent, elles, bien en place. Voici l'astuce qui permet de supprimer ces dernières depuis le clavier.

1 Sélectionnez la ou les lignes ou colonnes à supprimer.

2 Appuyez sur la touche **Ctrl** et ne la relâchez pas.

3 En maintenant la touche **Ctrl** enfoncée, tapez la touche **X** et relâchez-la.

4 Relâchez la touche **Ctrl**, et le tour est joué !

Résumé

Aucun doute, vous êtes devenu un vrai pro de la saisie. Plus une tâche ne vous résiste, pas même la mise en forme de texte à mettre en valeur ni l'utilisation de tableaux. Tournons maintenant cette page pour apprendre à manipuler programmes, menus et boîtes de dialogue sans souris.

ETAPE

8

Je navigue dans Windows

DANS CETTE ÉTAPE :

- Démarrer et quitter un programme
- Accéder aux programmes ouverts
- Afficher et utiliser le Bureau
- Redémarrer l'ordinateur
- Arrêter l'ordinateur

Cette huitième étape vous emmène à la découverte d'un univers radicalement différent de celui de la saisie. Ici, vous n'entrez pas de texte dans un document, mais déclenchez des actions fondamentales, comme le démarrage d'un programme ou l'arrêt de l'ordinateur. Prêt pour cette nouvelle aventure ?

Comment lancer et quitter un programme ?

Quand vient le moment de démarrer et de fermer un programme, le clavier cède le plus souvent sa place à la souris. Il pourtant permettrait de gagner du temps…

Démarrez les programmes à utiliser

Quand le menu **Démarrer** répertorie de nombreux programmes, les sous-menus se superposent, et le simple fait de survoler un nom de dossier avec la souris ouvre parfois ce dernier sans que vous le souhaitiez. En agissant depuis le clavier, vous évitez ce risque et progressez avec précision.

1. Pour dérouler le menu **Démarrer**, tapez la touche **Windows** et relâchez-la.
2. Tapez la touche **I** et relâchez-la, afin de dérouler le menu **Tous les programmes** et d'accéder à la liste des logiciels installés sur l'ordinateur.

NOTE

Si le programme est visible dans le menu **Démarrer**, il vous suffit de le sélectionner en tapant les touches **Flèche Haut**, **Flèche Gauche** et éventuellement **Flèche Bas** autant de fois que nécessaires, puis d'appuyer sur la touche **Entrée** et de la relâcher.

3. Appuyez sur les touches **Flèche Bas** et/ou **Flèche Droite** autant de fois que nécessaires pour sélectionner le programme à démarrer.

NOTE

Si le programme n'est toujours pas visible après l'étape 3, il se trouve sans doute dans un dossier. Sélectionnez alors celui-ci en appuyant sur les touches **Flèche Bas** et/ou **Flèche Droite**, puis ouvrez-le en tapant la touche **Flèche Droite**. Sélectionnez finalement le programme grâce à la touche **Flèche Haut** ou **Flèche Bas**.

QUESTION RÉPONSE

Comment différencier les programmes et les dossiers dans le menu *Tous les programmes* ? Les programmes sont uniquement précédés d'une icône propre à chacun d'eux, tandis que tous les dossiers sont précédés de la même icône (un dossier ouvert) et suivis d'une petite flèche noire orientée vers la droite. À l'exception des dossiers propres à Windows, tels **Accessoires**, ils correspondent souvent au nom de l'éditeur du programme, comme Macromedia pour Flash MX.

4 Tapez la touche **Entrée** et relâchez-la. Le programme démarre.

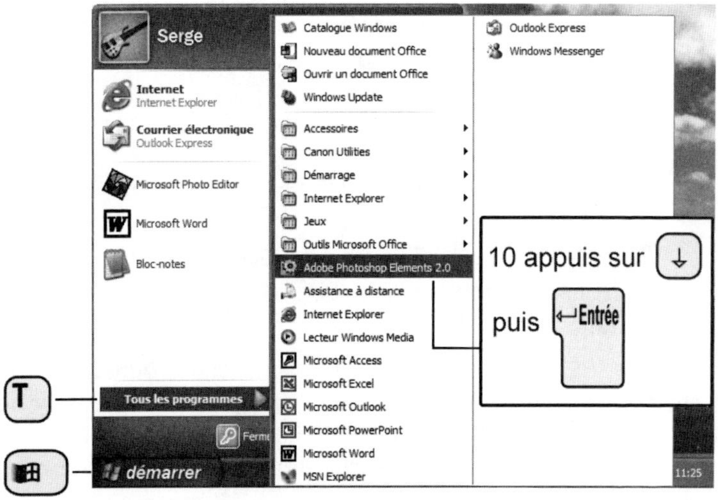

Fermez les programmes le moment venu

Alt + **F4**

1 Appuyez sur la touche **Alt** et ne la relâchez pas.

2 En maintenant la touche **Alt** enfoncée, tapez la touche **F4** et relâchez-la.

3 Relâchez la touche **Alt**. Le programme se ferme.

Naviguez entre les programmes ouverts

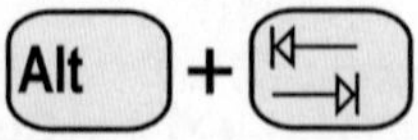

Le raccourci clavier **Alt+Tab** présenté ici se révèle toujours plus rapide et plus efficace que la souris. Il évite d'une part le détour par la barre des tâches, lequel devient fastidieux quand trop d'applications sont ouvertes pour rendre tous les boutons correspondants directement accessibles. D'autre part, il offre un accès direct aux boîtes de dialogue, comme **Propriétés de Affichage**, pour lesquelles Windows ne prévoit pas de bouton dans la barre des tâches.

1 Appuyez sur la touche **Alt** et ne la relâchez pas.

2 En maintenant la touche **Alt** enfoncée, tapez la touche **Tab** et relâchez-la. Une petite fenêtre apparaît au centre de l'écran, présentant une icône pour chaque programme actuellement ouvert sur votre ordinateur.

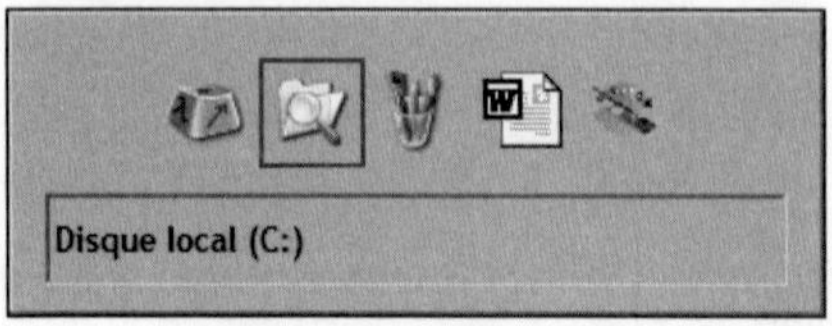

3 Sans relâcher la touche **Alt**, tapez la touche **Tab** autant de fois que nécessaires pour que le programme à activer apparaisse encadré dans la fenêtre.

4 Relâchez la touche **Alt**. Le programme sélectionné apparaît à l'écran.

NOTE

Si vous décidez finalement de rester dans le programme en cours après avoir déjà réalisé l'étape 2, sélectionnez simplement ce programme à l'étape 3.

LE SAVIEZ-VOUS ?

Si vous ne pouvez pas vous passer des boutons de la barre des tâches, il existe un compromis. En maintenant la touche **Windows** enfoncée, tapez la touche **Tab** autant de fois que nécessaire pour activer le bouton du programme à afficher. Relâchez ensuite la touche **Windows** et tapez la touche **Entrée**. Le programme apparaît !

Naviguez entre les documents ouverts dans un programme

Ctrl + F6 et Ctrl + ⇧ + F6

Pour accéder au document ouvert précédent :

1 Appuyez sur la touche **Ctrl** et maintenez-la enfoncée.
2 Sans relâcher la touche **Ctrl**, tapez la touche **F6** jusqu'à ce que le document souhaité apparaisse.
3 Relâchez la touche **Ctrl**.

Pour accéder au document ouvert suivant :

1 Appuyez sur la touche **Ctrl** et maintenez-la enfoncée.
2 Sans relâcher la touche **Ctrl**, tapez la touche **Maj** et maintenez-la enfoncée, elle aussi.
3 Sans relâcher les touches **Ctrl** et **Maj**, tapez la touche **F6** jusqu'à ce que le document souhaité apparaisse.
4 Relâchez les touches **Ctrl** et **Maj**.

Rendez-vous sur le Bureau

Point stratégique s'il en est, le Bureau reste accessible instantanément à tout moment depuis le clavier, permettant notamment d'ouvrir des programmes ou d'accéder à de multiples fonctions par le biais de son menu contextuel.

Affichez et quittez le Bureau

Windows + D

1 Appuyez sur la touche **Windows** et maintenez-la enfoncée.

2 Sans relâcher la touche **Windows**, tapez la touche **D** et relâchez-la.

3 Relâchez la touche **Windows**. Le Bureau apparaît.

LE SAVIEZ-VOUS ? Le choix de la touche **D**, et non pas **B**, comme Bureau, peut sembler injustifié aux utilisateurs français. En fait, ce raccourci clavier fait partie de ceux qui n'ont pas été francisés, et en américain, « bureau » se dit « *desktop* ».

Afficher le Bureau de cette manière réduit tous les programmes ouverts à l'état de bouton dans la barre des tâches. Vous pouvez ensuite accéder de nouveau à un programme particulier grâce à la combinaison de touches **Alt+Tab**, vue à la section précédente, ou taper de nouveau le raccourci clavier **Windows+D** pour rouvrir toutes les fenêtres simultanément.

Passez à l'action depuis le Bureau

Utilisez le menu contextuel

Le menu contextuel du Bureau permet entre autres de réorganiser les icônes et d'accéder aux options d'affichage de Windows. Quand aucune icône n'est sélectionnée, vous pouvez l'afficher en un clin d'œil :

1 Tapez la touche **Application** et relâchez-la.

2 Activez la commande à utiliser (consultez la section « *Menus contextuels* », dans l'étape 9).

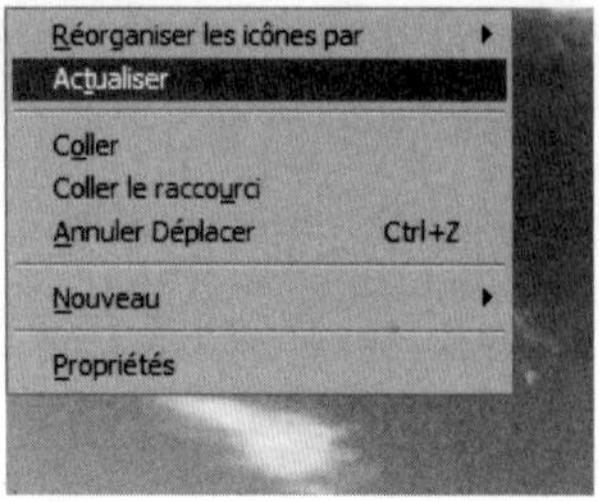

Utilisez les icônes

Savoir sélectionner les icônes du Bureau permet notamment d'ouvrir rapidement les éléments qu'elles représentent et de les supprimer si elles encombrent inutilement le Bureau.

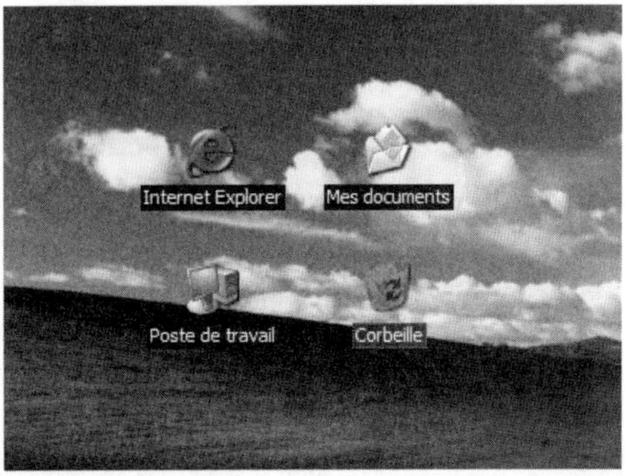

- Pour sélectionner une icône, tapez la touche **Flèche Haut**, **Flèche Bas**, **Flèche Gauche** et/ou **Flèche Droite** jusqu'à ce que cette icône apparaisse en surbrillance.
- Pour ouvrir un élément matérialisé par une icône, sélectionnez son icône, puis tapez la touche **Entrée** et relâchez-la. Si vous aviez sélectionné un programme, celui-ci démarre. Si vous aviez sélectionné un dossier ou un fichier, l'élément s'ouvre respectivement dans l'Explorateur ou dans le programme auquel il est associé par défaut.
- Pour supprimer une icône, sélectionnez-la, puis appuyez sur la touche **Suppr** et relâchez-la. Quand Windows demande de confirmer la suppression, tapez la touche **Entrée** et relâchez-la pour envoyer effectivement l'icône dans la Corbeille. Si vous préférez finalement annuler la suppression, faites disparaître la boîte de dialogue en appuyant sur la touche **Echap** et en la relâchant.

QUESTION RÉPONSE

Supprimer une icône du Bureau efface-t-il l'élément correspondant sur le disque ? Cela dépend de ce que représente l'icône. Quand celle-ci comporte une petite flèche dans son angle inférieur gauche, elle matérialise un raccourci vers l'élément : la supprimer n'efface alors que ce lien vers l'élément, mais pas l'élément lui-même. En revanche, pratiquement toutes les icônes sans petite flèche représentent l'élément lui-même : la suppression de l'icône entraîne alors celle de l'élément sur le disque. Dans tous les cas, lisez bien la demande de confirmation de la suppression.

Votre ordinateur ne répond plus : redémarrez-le !

Quand votre ordinateur ne réagit plus, une combinaison de touches magique peut le réanimer.

1 Appuyez sur la touche **Ctrl** et maintenez-la enfoncée.

2 Sans relâcher la touche **Ctrl**, tapez la touche **Alt** et maintenez-la enfoncée, elle aussi.

3 Sans relâcher les touches **Ctrl** et **Alt**, appuyez deux fois sur **Suppr** et relâchez les trois touches. L'ordinateur redémarre.

NOTE Entre les deux appuis sur **Suppr**, la boîte de dialogue **Gestionnaire des tâches de Windows** peut apparaître, répertoriant les programmes actuellement ouverts et affichant **Pas de réponse** devant ceux qui ne fonctionnent plus.

Votre travail est terminé : arrêtez l'ordinateur

1 Appuyez sur la touche **Windows** et relâchez-la pour ouvrir le menu **Démarrer**.

2 Tapez successivement les touches **O** et **T**.

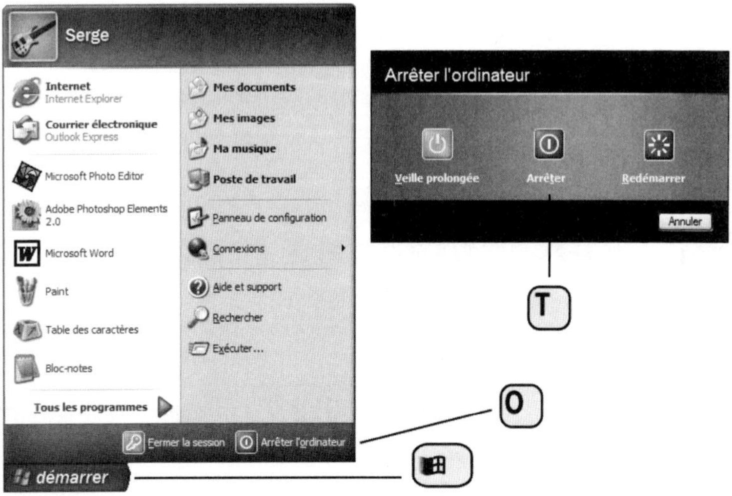

Résumé

Qu'il s'agisse de quitter un programme, d'intervenir sur le Bureau ou de redémarrer l'ordinateur en cas de dysfonctionnement, vous pouvez désormais laisser la souris sur son tapis. Que diriez-vous de lui offrir un temps de repos supplémentaire en apprenant à utiliser les menus et les boîtes de dialogue depuis le clavier ?

ETAPE

9

J'utilise les menus et les boîtes de dialogue

DANS CETTE ÉTAPE :

- Exécuter une commande depuis un menu général
- Utiliser les menus contextuels
- Se déplacer dans une boîte de dialogue
- Modifier et valider le paramétrage d'une boîte de dialogue

Une fois capable d'accéder au programme souhaité depuis le clavier, vous avez tout intérêt à maîtriser également l'exécution de commandes sans recourir à la souris. En sachant dérouler un menu et valider des choix dans une boîte de dialogue grâce à quelques touches, vous n'en serez que plus efficace.

Tous les menus à portée de clavier

Il existe deux types de menus dans l'environnement Windows :

- les menus généraux, accessibles depuis la barre de menus en haut de la fenêtre des programmes ;
- les menus contextuels, affichés par un clic droit ou par un appui sur la touche **Application** et apparentés à l'élément auquel ils se rapportent.

Menus généraux

Vous vous demandiez pourquoi certaines lettres sont soulignées dans les noms de menus et de commandes ? Voici la réponse.

1 Appuyez sur la touche **Alt** et relâchez-la. La barre des menus est activée.

2 Tapez la touche de la lettre qui apparaît soulignée dans le nom du menu à activer et relâchez-la. Dans Microsoft Word, par exemple, appuyez sur la touche **I** pour ouvrir le menu **Insertion**.

NOTE Les programmes de la suite Microsoft Office XP présentent au départ des menus raccourcis qui n'affichent que les commandes les plus employées. Quand la commande recherchée n'est pas visible, attendez quelques instants que le menu complet apparaisse.

3 Tapez la touche de la lettre qui apparaît soulignée dans le nom de la commande à activer et relâchez-la. Dans le menu **Insertion** de Word, par exemple, appuyez sur la touche **R** pour sélectionner la commande **Référence**.

NOTE Il arrive que la même lettre serve à activer plusieurs commandes. Tapez alors sa touche jusqu'à activer la commande souhaitée.

4 Trois cas de figures sont alors possibles.

- Si le nom de la commande n'est suivi de rien, la commande s'exécute directement.

- Si le nom de la commande est suivi de trois points, une boîte de dialogue apparaît, dans laquelle vous pouvez faire des choix.
- Si le nom de la commande est suivi d'une petite flèche, un sous-menu apparaît. Tapez alors la touche de la lettre qui apparaît soulignée dans le nom de la commande à activer et relâchez-la. Dans le sous-menu **Image** de Word, par exemple, appuyez sur la touche **T** pour sélectionner la commande **Tables et index**.

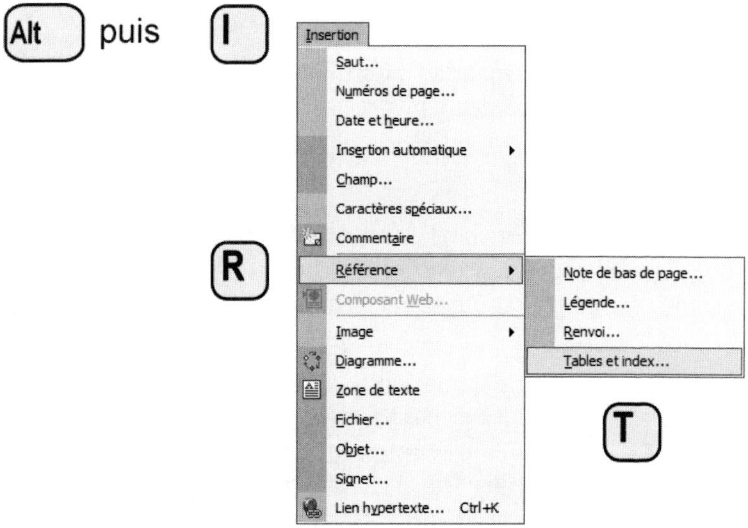

QUESTION RÉPONSE

J'ai appuyé par mégarde sur la touche Alt, mais je ne voulais pas activer de menu. Que faire ? Tapez la touche **Echap** et relâchez-la.

LE SAVIEZ-VOUS ?

Tous les programmes intègrent un *menu système*, qui permet notamment de réduire la fenêtre à l'état de bouton dans la barre des tâches. Pour l'utiliser, répétez les étapes 1 à 4 ci-dessus, en appuyant sur la **barre d'espace** à l'étape 2.

Menus contextuels

Dès que possible, évitez le détour par les menus généraux et la souris en exploitant les menus contextuels depuis le clavier. Ceux-ci s'utilisent comme les menus généraux : seule la manière de les afficher diffère. Vous devez en effet commencer par placer le curseur au niveau de l'élément dont vous désirez utiliser le menu contextuel, voire sélectionner cet élément, puis taper la touche **Application** et la relâcher.

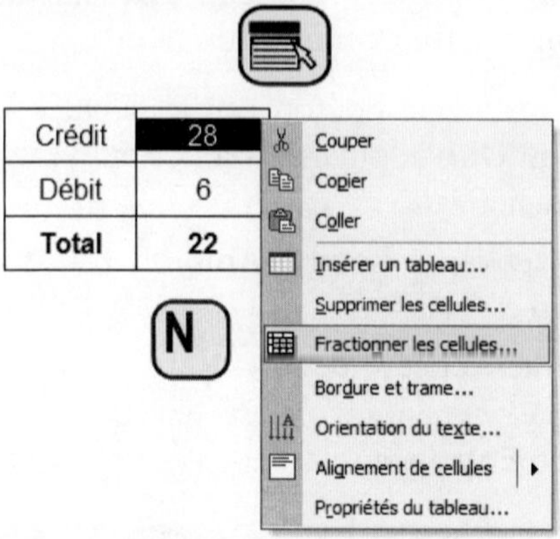

QUESTION RÉPONSE

J'ai déroulé un sous-menu, mais aucune lettre n'y est soulignée. Que faire ? Appuyez sur la touche **Flèche Bas** jusqu'à ce que la commande souhaitée soit sélectionnée. Vous devez également recourir aux touches fléchées dans les sous-menus qui ne proposent pas des noms, mais des icônes, comme le sous-menu **Alignement de cellules** dans le menu contextuel d'un tableau Word.

ETAPE 9

Frayez-vous un chemin dans les boîtes de dialogue

Sachez utiliser les messages

Contrairement aux boîtes de dialogue, les messages ne proposent pas d'options à sélectionner, mais uniquement des boutons à activer. Le nombre de ces derniers varie. Le plus souvent, néanmoins, les messages proposent uniquement un bouton **OK** (ou **Oui**) et un bouton **Annuler** (ou **Non**).

- Pour activer le bouton qui apparaît sélectionné par défaut (**OK** ou **Oui**, le plus souvent), appuyez sur la touche **Entrée** et relâchez-la.
- Pour activer le bouton **Annuler** (ou **Non**), tapez la touche **Echap** et relâchez-la.
- Pour activer un bouton particulier, tapez la touche **Tab** jusqu'à ce qu'il apparaisse sélectionné, puis appuyez sur la touche **Entrée** et relâchez-la.

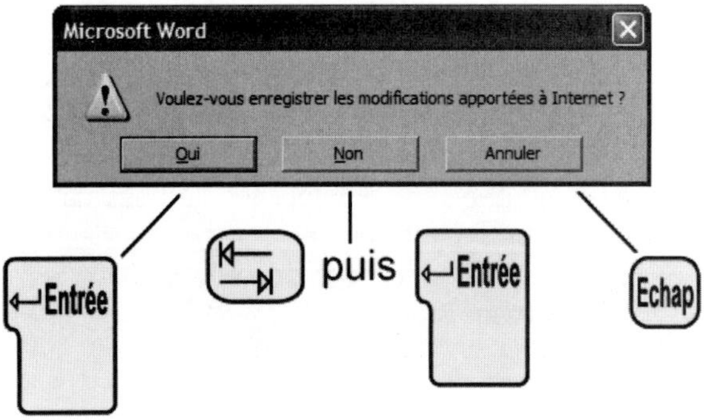

Faites les bons réglages dans les boîtes de dialogue

Activez l'option à paramétrer

- Pour activer l'option suivante, appuyez sur la touche **Tab** et relâchez-la.
- Pour activer l'option précédente, appuyez sur la touche **Maj**, et sans la relâcher, tapez la touche **Tab**. Relâchez ensuite les deux touches.

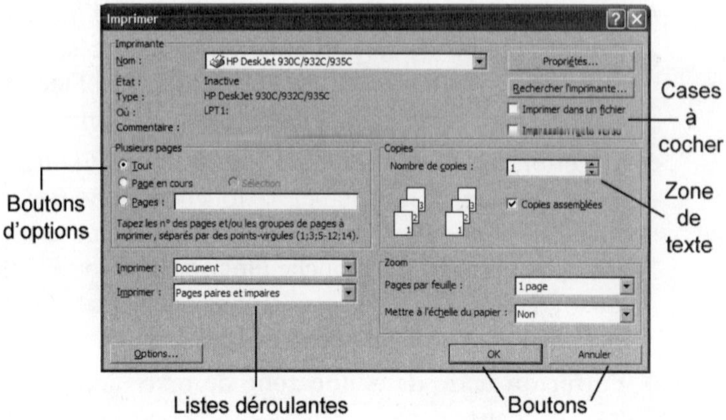

- L'activation d'une option se manifeste de différentes manières :
  - Quand un bouton, une case à cocher ou un bouton d'options est activé(e), son nom est entouré par un cadre en pointillé.

NOTE Les options précédées d'un bouton d'options fonctionnent par groupe. Activer l'une d'elles revient à activer tout le groupe. La touche **Tab** ne permet pas de passer d'une option d'un tel groupe à une autre. Par ailleurs, vous ne pouvez sélectionner qu'un seul bouton d'options dans un tel groupe. Il est en revanche possible de sélectionner plusieurs cases au sein d'un groupe de cases à cocher.

- Quand une liste déroulante est activée, elle apparaît en surbrillance.
- Quand une zone de texte est activée, son contenu apparaît en surbrillance, ou un curseur y clignote.
- Quand une zone qui renferme des fichiers est activée (comme dans la boîte de dialogue **Ouvrir**), le premier fichier est sélectionné.

Sélectionnez les paramètres souhaités

- **Sélectionner ou désélectionner une case à cocher activée.** Appuyez sur la **barre d'espace** et relâchez-la. Selon que la case était cochée ou décochée, elle est désormais respectivement décochée ou cochée
- **Sélectionner ou désélectionner un bouton d'options.** Activez une option de son groupe, puis appuyez sur la touche **FlècheHaut**, **Flèche Bas**, **Flèche Gauche** ou **Flèche Droite** jusqu'à ce que l'option souhaitée soit sélectionnée.
- **Sélectionner une option dans une liste déroulante activée.** Pour dérouler la liste, tapez la touche **Flèche Bas** et relâchez-la. Sélectionnez ensuite l'option souhaitée dans la liste en appuyant sur la touche **Flèche Haut** ou **Flèche Bas** autant de fois que nécessaires. Validez finalement votre choix en tapant la touche **Entrée** et en la relâchant.
- **Entrer du texte dans une zone de texte activée.** Tapez le texte souhaité.
- **Sélectionner un élément dans une zone de fichiers.** Appuyez sur la touche **Flèche Bas**, **Flèche Haut**, **Flèche Gauche** et/ou **Flèche droite** jusqu'à ce que le fichier souhaité soit en surbrillance.

QUESTION RÉPONSE

Le fichier que je cherche se trouve dans un sous-dossier du dossier ouvert. Comment y accéder ? Sélectionnez ce sous-dossier grâce aux touches fléchées, puis ouvrez-le en tapant la touche **Entrée** et en la relâchant.

LE SAVIEZ-VOUS ? Certaines boîtes de dialogue renferment plusieurs onglets. Les raccourcis clavier **Ctrl+Tab** et **Ctrl+Maj+Tab** permettent alors de passer aisément de l'un à l'autre.

Validez ou annulez vos choix

- Pour valider et appliquer les options choisies, appuyez sur la touche **Entrée** et relâchez-la.

QUESTION RÉPONSE **J'ai appuyé sur la touche Entrée, mais il ne se passe rien. Pourquoi ?** Dans certains cas très rares, cette action valide uniquement l'option en cours. Pour appliquer les options choisies et quitter la boîte de dialogue, activez auparavant le bouton **OK** avec la touche **Tab**.

- Pour quitter la boîte de dialogue sans appliquer aucun nouveau réglage, appuyez sur la touche **Echap** et relâchez-la.

Exercez-vous !

Vérifions maintenant que vous avez bien assimilé tous ces principes. Sans vous servir de la souris, lancez l'impression de trois exemplaires de la page en cours du document Microsoft Word actuellement ouvert à l'écran.

1. Pour ouvrir la boîte de dialogue **Imprimer**, appuyez sur la touche **Ctrl** et ne la relâchez-pas.
2. En maintenant la touche **Ctrl** enfoncée, tapez la touche **P** et relâchez-la.
3. Relâchez la touche **Ctrl**.
4. Dans la boîte de dialogue **Imprimer** (consultez la section « *Activez l'option à paramétrer* », plus tôt dans cette étape), la zone de texte **Nombre de copies** est activée par défaut : son contenu apparaît en surbrillance. Comme nous voulons imprimer trois exemplaires de notre page, tapez la touche **3** dans le pavé numérique et relâchez-la.

5 Pour activer le groupe d'options **Plusieurs pages**, situé avant la zone où se trouve le curseur, appuyez sur la touche **Maj** et ne relâchez pas.

6 En maintenant la touche **Maj** enfoncée, tapez deux fois la touche **Tab** et relâchez-la.

7 Relâchez la touche **Maj**.

8 C'est maintenant l'option **Tout** dans le groupe d'options **Plusieurs pages** qui est activée. Pour sélectionner l'option **Page en cours**, tapez la touche **Flèche Bas** et relâchez-la.

9 Il ne reste plus qu'à valider vos choix. Tapez la touche **Entrée** et relâchez-la. L'impression démarre.

Résumé

Qu'en dites-vous ? Avec le clavier comme tableau de bord, vous êtes désormais capable d'évoluer dans un programme, de sélectionner n'importe quelle commande depuis un menu, mais aussi de paramétrer les options d'une boîte de dialogue à votre convenance. Pour parfaire votre apprentissage, nous vous proposons comme dernière étape de partir à la découverte d'un outil de Windows dédié à la gestion de vos fichiers : l'Explorateur.

ETAPE

10

Je gère mes fichiers dans l'Explorateur

DANS CETTE ÉTAPE :

- Ouvrir l'Explorateur
- Consulter le contenu d'un dossier
- Ouvrir un fichier
- Sélectionner des fichiers et des dossiers
- Renommer des fichiers et des dossiers
- Copier et déplacer des fichiers et des dossiers
- Supprimer des fichiers et des dossiers

Vous n'aviez jamais envisagé de consulter, sélectionner ou renommer vos fichiers depuis le clavier, et pourtant… Dans cette étape, vous constatez que cet outil convient parfaitement à la tâche. Il offre de surcroît une précision qui vous évitera des clics incontrôlés et des dérapages de souris sur des fichiers à préserver.

Voyez ce que renferment vos dossiers et vos fichiers

L'Explorateur est l'outil le plus convivial que propose Windows pour accéder à vos fichiers et dossiers. Vous pouvez l'ouvrir en un clin d'œil depuis le clavier et y naviguer à votre guise.

Entrez dans l'Explorateur

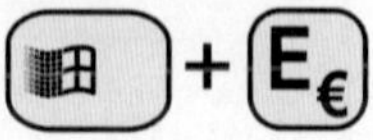

1 Appuyez sur la touche **Windows** et maintenez-la enfoncée.
2 Sans relâcher la touche **Windows**, tapez la touche **E** et relâchez-la.
3 Relâchez la touche **Windows**. L'Explorateur apparaît.

Pleins feux sur les fichiers

La fenêtre de l'Explorateur est scindée en deux parties. Pour ouvrir le dossier dont vous désirez afficher les fichiers, vous vous déplacez dans la partie gauche de la fenêtre. Le contenu du dossier apparaît alors dans la partie droite.

1 Quand vous ouvrez l'Explorateur, le Poste de travail est sélectionné par défaut. Appuyez sur la touche **Flèche Bas** autant de fois que nécessaires pour sélectionner le lecteur où est stocké le dossier à ouvrir.
2 Pour ouvrir le lecteur, appuyez sur la touche **Flèche Droite** et relâchez-la. Le nom de chaque dossier stocké sur le lecteur apparaît au-dessous de celui-ci.

LE SAVIEZ-VOUS ?

Vous pouvez de nouveau masquer les dossiers répertoriés sous le nom du lecteur en tapant la touche **Flèche Gauche** et en la relâchant.

3 Tapez la touche **Flèche Bas** autant de fois que nécessaires pour sélectionner le dossier à ouvrir. Les fichiers qu'il renferme apparaissent dans la partie droite de la fenêtre.

NOTE Pour ouvrir un sous-dossier, répétez les étapes 2 et 3 autant de fois que nécessaires.

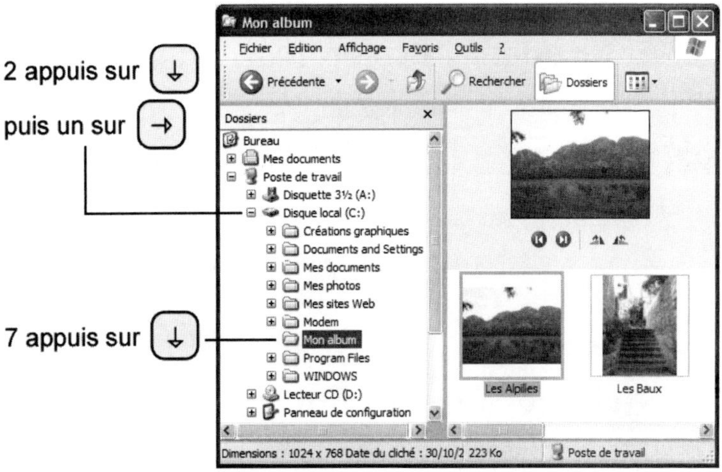

LE SAVIEZ-VOUS ? Pour être certain de bien visualiser la dernière version de tous les fichiers et dossiers, vous pouvez mettre à jour l'affichage en un clin d'œil en appuyant simplement sur la touche **F5** et en la relâchant.

Ouvrez les fichiers à consulter ou à modifier

Ouvrir un fichier directement depuis l'Explorateur évite de devoir d'abord démarrer le programme associé.

1 Ouvrez le dossier qui renferme le fichier à consulter en répétant les trois étapes de la section précédente.

2 Appuyez sur la touche **Tab** et relâchez-la, afin de basculer dans la partie droite de la fenêtre de l'Explorateur.

NOTE Vous pourrez ensuite revenir à tout moment dans la partie gauche de la fenêtre en tapant simplement la touche **Tab** tout en maintenant la touche **Maj** enfoncée.

3 Selon l'affichage actuel, tapez la touche **Flèche Bas** ou **Flèche Droite** autant de fois que nécessaires pour sélectionner le fichier à ouvrir.

4 Appuyez sur la touche **Entrée** et relâchez-la. Le programme associé au fichier démarre, et le contenu de celui-ci apparaît.

LE SAVIEZ-VOUS ?

Si vous avez ouvert un sous-dossier par erreur, vous pouvez accéder de nouveau instantanément au dossier parent, c'est-à-dire celui qui renferme le dossier ouvert, en tapant la touche **Retour arrière** et en la relâchant.

Sélectionnez les fichiers ou dossiers à manipuler

Savoir sélectionner un fichier ou un dossier est absolument indispensable pour pouvoir le renommer ou le déplacer, par exemple. Ces actions s'effectuent dans la partie droite de la fenêtre de l'Explorateur.

Sélectionnez un fichier ou un dossier unique

Cette section n'est en fait qu'un petit rappel. Souvenez-vous :

- Pour sélectionner un fichier, répétez les étapes 1 à 3 de la section « *Ouvrez les fichiers à consulter ou à modifier* ».
- Pour sélectionner un dossier, répétez les étapes 1 à 3 de la section « *Pleins feux sur les fichiers* ».

Sélectionnez des fichiers ou dossiers contigus

1 Ouvrez le dossier ou lecteur qui renferme les fichiers ou dossiers à sélectionner.

2 Appuyez sur la touche **Tab** et relâchez-la, afin de basculer dans la partie droite de la fenêtre de l'Explorateur.

3 Tapez la touche **Flèche Bas** et/ou **Flèche Droite** autant de fois que nécessaires pour sélectionner le premier fichier ou dossier souhaité.

NOTE Pour sélectionner le fichier ou dossier qui occupe le début de la liste dans la partie droite de la fenêtre et dont le nom apparaît encadré par des pointillés, appuyez sur la **barre d'espace** et relâchez-la.

4 Appuyez sur la touche **Maj** et maintenez-la enfoncée.

5 Sans relâcher la touche **Maj** et selon l'affichage en cours, tapez la touche **Flèche Bas** et/ou **Flèche Droite** jusqu'à ce que tous les fichiers et/ou dossiers souhaités soient sélectionnés.

6 Relâchez la touche **Maj**.

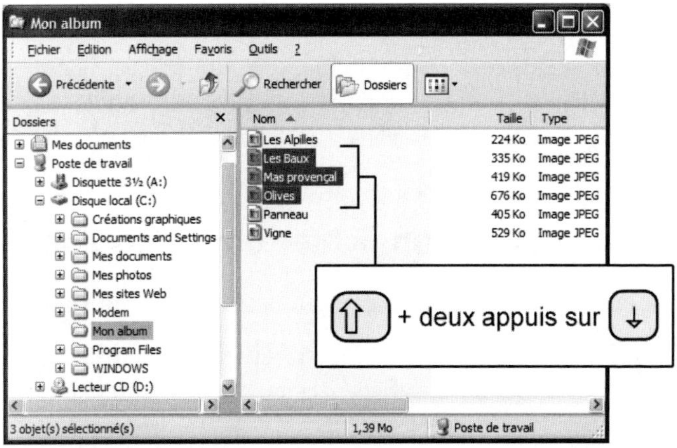

QUESTION RÉPONSE **Existe-il une manière plus rapide de sélectionner tous les éléments contenus dans le dossier ouvert ?** Oui. En maintenant la touche **Ctrl** enfoncée, tapez la touche **A** et relâchez les deux touches : tout le contenu du dossier ouvert apparaît en surbrillance !

NOTE Pour désélectionner un ou plusieurs fichiers, procédez selon le même principe que le texte (consultez la section *« Sachez désélectionner un texte le moment venu »*, dans l'étape 5) : en tapant la touche fléchée opposée à celle utilisée pour la sélection tout en maintenant la touche **Maj** enfoncée.

Sélectionnez des fichiers ou dossiers non contigus

1 Répétez les étapes 1 à 3 de la section précédente.

2 Appuyez sur la touche **Ctrl** et maintenez-la enfoncée.

3 Sans relâcher la touche **Ctrl**, tapez la touche **Flèche Bas** jusqu'à ce que le deuxième fichier ou dossier à sélectionner soit entouré par un cadre en pointillé.

4 En maintenant toujours la touche **Ctrl** enfoncée, appuyez sur la **barre d'espace** et relâchez-la, afin de sélectionner le fichier ou dossier qui était encadré.

5 Répétez les étapes 5 et 6 pour chaque fichier ou dossier à sélectionner.

6 Relâchez la touche **Ctrl**.

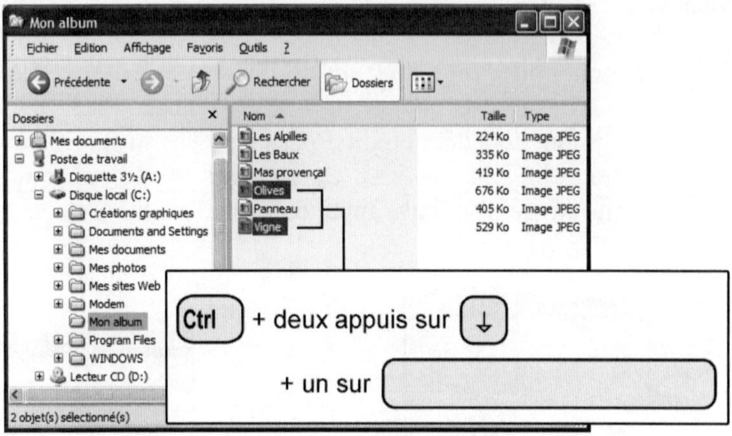

Pour désélectionner l'un des fichiers, maintenez toujours la touche **Ctrl** enfoncée et placez de nouveau le cadre en pointillé autour du fichier grâce à la touche fléchée appropriée, puis appuyez sur la **barre d'espace**. Relâchez ensuite la touche **Ctrl**. Répétez éventuellement l'opération pour désélectionner d'autres fichiers.

QUESTION RÉPONSE

Est-il possible de désélectionner tous les fichiers à la fois ? Oui et non… En fait, vous pouvez désélectionner un groupe de fichiers en relâchant la touche **Maj** ou **Ctrl**, selon le cas, et en appuyant sur n'importe quelle touche fléchée, mais un fichier reste toujours sélectionné.

Soyez bien organisé !

La liste des raccourcis clavier dédiés à la manipulation de fichiers et de dossiers dépasse la portée de ce livre. Aussi nous contenterons-nous de vous donner quelques exemples, parmi les plus utiles, comme la duplication d'un fichier pour en conserver une copie de secours non modifiée.

LE SAVIEZ-VOUS ?

Beaucoup des techniques présentées dans cette section fonctionnent dans des boîtes de dialogue comme **Ouvrir** ou **Enregistrer sous** de nombreux logiciels.

- **Renommer un fichier ou un dossier.** Sélectionnez le fichier ou dossier à renommer, puis tapez la touche **F2** et relâchez-la. Le nom du fichier ou du dossier apparaît en surbrillance dans un cadre noir. Saisissez un nom explicite à donner au fichier ou au dossier, puis appuyez sur la touche **Entrée** et relâchez-la.

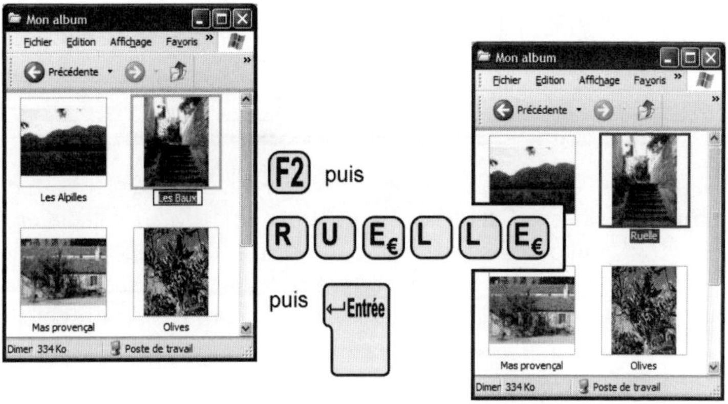

LE SAVIEZ-VOUS ?

Le nom d'un fichier ou dossier peut comporter jusqu'à 250 caractères, à l'exception des caractères / \ : * ? < > " et |.

QUESTION RÉPONSE

Pourquoi certains noms de fichiers sont-ils suivis d'un point et de trois lettres ? Tous les noms de fichiers se terminent par un point suivi de trois (parfois quatre) lettres. Celles-ci constituent l'*extension* du fichier et identifient la nature de ce dernier. Par exemple, l'extension .DOC désigne un document Microsoft Word, et l'extension .GIF correspond à une image. Ne modifiez jamais l'extension, car le fichier risque de ne plus être reconnu par les programmes et de devenir inutilisable. Par défaut, Windows XP masque l'extension de la plupart des fichiers, afin de vous éviter de la modifier par mégarde.

- **Copier ou déplacer un fichier ou un dossier.** Les raccourcis clavier employés sont les mêmes que ceux vus à l'étape 6, dans la section *« Évitez les saisies répétitives en copiant ou déplaçant certains textes »*. Sélectionnez le ou les fichiers ou dossiers à copier ou déplacer, puis tapez la combinaison de touches **Ctrl+C** ou **Ctrl+X**, selon que vous désirez effectuer respectivement une copie ou un déplacement. Ouvrez le lecteur ou dossier dans lequel placer le fichier ou dossier, puis tapez le raccourci clavier **Ctrl+V**.

LE SAVIEZ-VOUS ?

Il est possible de créer une copie d'un fichier ou d'un dossier à l'emplacement actuel de celui-ci. Tapez simplement les raccourcis **Ctrl+C** et **Ctrl+V** sans changer de dossier. Windows duplique alors le fichier ou dossier et ajoute la mention « Copie de » au début du nom de ce nouvel exemplaire.

- **Supprimer un fichier ou un dossier.** Sélectionnez le ou les fichiers ou dossiers à supprimer, puis tapez la touche **Suppr** et relâchez-la. Quand Windows demande de confirmer la suppression, appuyez sur la touche **Entrée** et relâchez-la (tapez la touche **Echap** et relâchez-la si vous préférez finalement annuler la suppression). Si l'élément supprimé se trouvait sur le disque dur, il est alors déplacé dans la Corbeille.

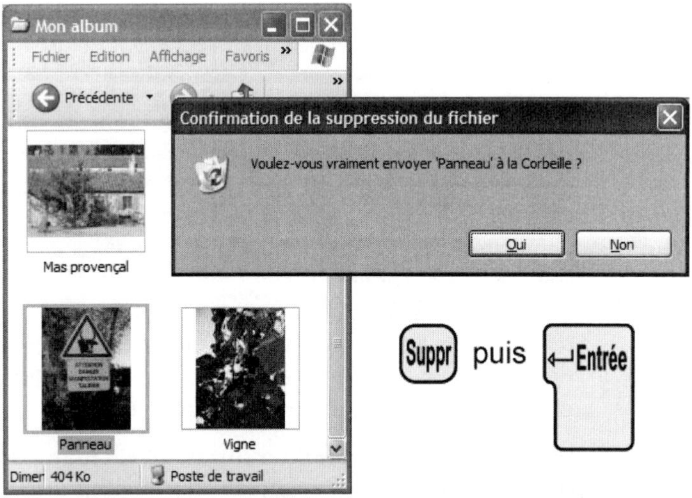

QUESTION RÉPONSE

Je viens de supprimer un fichier que je voulais absolument garder. Suis-je perdu ? Non, vous pouvez annuler immédiatement cette suppression en tapant la touche **Z** tout en maintenant la touche **Ctrl** enfoncée. Gardez bien ce précieux raccourci clavier **Ctrl+Z** à l'esprit. Dans la plupart des programmes, il permet d'annuler la dernière action réalisée.

Exercez-vous !

Imaginons un fichier appelé *Rapport janvier*. Pourriez-vous en faire une copie dans son dossier actuel et renommer le nouvel exemplaire *sauvegarde* ?

1 Dans l'Explorateur, sélectionnez le fichier *Rapport janvier*.

2 Pour copier le fichier, tapez la touche **Ctrl** et ne la relâchez pas.

3 En maintenant la touche **Ctrl** enfoncée, appuyez sur la touche **C** et relâchez-la.

4 Puisque nous devons coller le fichier copié dans le dossier en cours, maintenez toujours la touche **Ctrl** enfoncée et tapez la touche **V**, puis relâchez-la.

5 Relâchez la touche **Ctrl**.

6 Un nouveau fichier appelé *Copie de Rapport janvier* apparaît. Nul besoin de le sélectionner, puisqu'il l'est déjà. Appuyez par conséquent sur la touche **F2** et relâchez-la.

7 Le nom du fichier apparaît en surbrillance. Saisissez son nouveau nom en tapant successivement les touches **S**, **A**, **U**, **V**, **E**, **G**, **A**, **R**, **D** et **E**.

8 Tapez la touche **Entrée** et relâchez-la. Mission terminée !

Résumé

Cette fois, plus aucun doute possible : le clavier peut aisément se substituer à la souris dans la plupart des tâches menées sur l'ordinateur. De la simple saisie à la gestion complexe de fichiers dans l'Explorateur, vous maîtrisez désormais toutes les combinaisons de touches indispensables pour naviguer et agir rapidement et efficacement. Bravo et bonne route !

Annexe A

Raccourcis clavier usuels Windows et Word

DANS CETTE ANNEXE :

- **Raccourcis clavier utilisables dans Windows**
- **Raccourcis clavier utilisables dans l'Explorateur Windows**
- **Raccourcis clavier utilisables dans Word**

Tout au long de ce livre, vous avez découvert des combinaisons de touches qui permettent d'exécuter rapidement différentes tâches. Cette annexe regroupe tous ces raccourcis clavier et bien d'autres encore. Vous pouvez l'utiliser comme un aide-mémoire pendant votre travail dans Windows et au cours de l'élaboration de documents dans Word.

Raccourcis clavier Windows

Obtenir de l'aide	**F1**
Annuler la tâche en cours	**Echap**
Afficher le menu système d'un programme	**Alt+barre d'espace**
Afficher le menu système d'un document	**Alt+-**
Atteindre le document ouvert suivant dans un programme	**Ctrl+Maj+F6**
Atteindre le document ouvert précédent dans un programme	**Ctrl+F6**
Passer d'un programme ouvert à un autre	**Alt+Tab**
Activer les boutons de la barre des tâches	**Windows+Tab**
Fermer un programme	**Alt+F4**
Afficher le Bureau	**Windows+D**
Rechercher un élément	**Windows+F**
Ouvrir la boîte de dialogue Exécuter	**Windows+R**
Afficher les propriétés système	**Windows+Pause**
Redémarrer l'ordinateur	**Ctrl+Alt+Suppr**

Explorateur

Ouvrir l'Explorateur	**Windows+E**
Actualiser l'affichage	**F5**
Afficher les propriétés d'un élément	**Alt+Entrée**
Renommer un élément	**F2**
Supprimer définitivement un élément	**Maj+Suppr**
Copier un élément	**Ctrl+C**
Couper un élément	**Ctrl+X**
Coller un élément	**Ctrl+V**
Rechercher un élément	**F3**

Raccourcis clavier Word

Consultation et gestion de documents

Passer en mode d'affichage Normal	**Alt+Ctrl+N**
Passer en mode d'affichage Page	**Alt+Ctrl+P**
Passer en mode d'affichage Plan	**Alt+Ctrl+O**
Obtenir un aperçu avant impression	**Ctrl+F2**
Atteindre le mot suivant	**Ctrl+Flèche Droite**
Atteindre le mot précédent	**Ctrl+Flèche Gauche**
Atteindre le début du paragraphe	**Ctrl+Flèche Haut**
Atteindre la fin du paragraphe	**Ctrl+Flèche Bas**
Atteindre le début du document	**Ctrl+Origine**
Atteindre la fin du document	**Ctrl+Fin**
Atteindre la dernière modification apportée	**Maj+F5**
Atteindre la faute suivante	**Alt+F7**
Créer un nouveau document	**Ctrl+N**
Ouvrir un document	**Ctrl+O**
Enregistrer un document	**Ctrl+S**
Ouvrir la boîte de dialogue Enregistrer sous	**F12**
Imprimer un document	**Ctrl+P**
Fermer un document	**Ctrl+W**
Annuler une action	**Ctrl+Z**

Rétablir une action	**Ctrl+Y**
Répéter la dernière action réalisée	**F4**
Obtenir de l'aide	**F1**

Saisie et modification de texte

Insérer un saut de ligne	**Maj+Entrée**
Insérer un saut de page	**Ctrl+Entrée**
Insérer un espace insécable	**Ctrl+Maj+barre d'espace**
Insérer un tiret insécable	**Ctrl+_**
Insérer la date	**Alt+Maj+D**
Insérer l'heure	**Alt+Maj+H**
Insérer un numéro de page	**Alt+Maj+P**
Insérer une note de fin	**Alt+Ctrl+F**
Insérer un commentaire	**Alt+Ctrl+M**
Insérer un lien hypertexte	**Ctrl+K**
Sélectionner le caractère suivant	**Maj+Flèche Droite**
Sélectionner le caractère précédent	**Maj+Flèche Gauche**
Sélectionner le mot suivant	**Ctrl+Maj+Flèche Droite**
Sélectionner le mot précédent	**Ctrl+Maj+Flèche Gauche**
Sélectionner une ligne	**Maj+Origine** ou **Maj+Fin**
Sélectionner l'écran précédent	**Maj+Pg Préc**

Sélectionner l'écran suivant	**Maj+Pg Suiv**
Sélectionner un document complet	**Ctrl+A**
Supprimer le mot suivant	**Ctrl+Suppr**
Supprimer le mot précédent	**Ctrl+Retour arrière**
Copier du texte	**Ctrl+C**
Couper du texte	**Ctrl+X**
Coller du texte	**Ctrl+V**
Vérifier la grammaire et l'orthographe	**F7**
Rechercher du texte	**Ctrl+F**
Remplacer du texte	**Ctrl+H**
Rechercher un synonyme	**Maj+F7**

Mise en forme de texte

Agrandir la taille d'un texte	**Ctrl+Alt+Maj+>**
Réduire la taille d'un texte	**Ctrl+Alt+<**
Mettre un texte en gras	**Ctrl+G**
Mettre un texte en italique	**Ctrl+I**
Souligner un texte par un trait simple	**Ctrl+U**
Souligner un texte par un trait double	**Alt+Ctrl+U**
Souligner un texte mais pas ses espaces	**Alt+Maj+U**
Mettre un texte en exposant	**Ctrl+Maj+=**

Mettre un texte en indice	**Ctrl+=**
Inscrire un texte en petites majuscules	**Ctrl+Maj+K**
Changer la casse d'un texte	**Maj+F3**
Retirer la mise en forme de caractères	**Ctrl+barre d'espace**
Ouvrir la boîte de dialogue Police	**Ctrl+D**
Aligner un paragraphe à gauche	**Ctrl+Maj+G**
Aligner un paragraphe à droite	**Ctrl+Maj+D**
Centrer un paragraphe	**Ctrl+E**
Justifier un paragraphe	**Ctrl+J**
Appliquer un interligne de 1,5	**Ctrl+5**
Appliquer un interligne double	**Alt+Maj+L**
Créer un retrait négatif de première ligne	**Ctrl+T**
Appliquer le style Normal	**Ctrl+Maj+N**
Appliquer le style Titre 1	**Ctrl+&**
Appliquer le style Titre 2	**Ctrl+é**
Appliquer le style Titre 3	**Ctrl+"**
Changer le style	**Ctrl+Maj+S**
Retirer la mise en forme de paragraphes	**Ctrl+Q**
Copier une mise en forme	**Ctrl+Maj+C**
Coller une mise en forme	**Ctrl+Maj+V**

Tableaux

Accéder à la cellule suivante	**Tab**
Accéder à la cellule précédente	**Maj+Tab**
Accéder à la première cellule de la ligne	**Alt+Origine**
Accéder à la dernière cellule de la ligne	**Alt+Fin**
Accéder à la première cellule de la colonne	**Alt+Pg Préc**
Accéder à la dernière cellule de la colonne	**Alt+Pg Suiv**
Sélectionner un tableau complet	**Alt+5**
Supprimer tout ou partie d'un tableau	**Ctrl+X**

Annexe B

Utiliser à la fois le clavier et la souris

DANS CETTE ANNEXE :

- Modifier l'affichage d'un document Word
- Sélectionner et copier du texte dans un document Word
- Sélectionner, copier et déplacer des fichiers et des dossiers dans l'Explorateur Windows
- Créer un raccourci vers un fichier ou un dossier dans l'Explorateur Windows
- Gérer plusieurs programmes à la fois depuis la barre des tâches

S'il vous est trop difficile de renoncer à la souris, cette annexe va vous combler : vous pouvez continuer à utiliser le précieux objet tout en vous servant du clavier. Vous découvrez que certaines touches modifient radicalement le comportement de la souris, et que l'emploi conjoint de ces deux outils est aussi souvent l'occasion d'optimiser votre travail.

Dans Word

L'utilisation conjointe du clavier et de la souris dans un document Word permet d'exécuter quantité de commandes en toute convivialité, en évitant les longs détours par la barre de menus et en offrant des possibilités inaccessibles avec le clavier ou la souris employé(e) seul(e).

Agrandir et réduire l'affichage

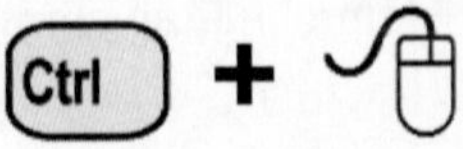

Si vous possédez une souris avec une petite molette que vous utilisez parfois pour faire défiler le contenu d'un document, voici une astuce qui vous permettra d'agrandir ou de réduire l'affichage en un clin d'œil.

1 Appuyez sur la touche **Maj** et maintenez-la enfoncée.
2 Sans relâcher la touche **Maj**, faites tourner la molette de la souris vers l'avant ou l'arrière, selon que vous voulez respectivement agrandir ou réduire l'affichage.
3 Relâchez la touche **Maj**.

Sélectionner du texte

Utiliser à fois la souris et le clavier pour sélectionner du texte permet de gagner du temps dans la sélection de textes autres qu'un mot particulier ou une phrase, par exemple. Néanmoins, cette technique revêt un autre intérêt tout spécifique : elle est en effet la seule à vous permettre de sélectionner une colonne d'un texte qui ne figure pas dans un tableau.

Sélectionner un bloc de texte quelconque

1 Placez le point d'insertion avant le premier caractère à sélectionner. Pour ce faire, vous pouvez cliquer avant ce caractère ou utiliser l'une des techniques vues à la section « *Naviguez à pleine vapeur* », dans l'étape 5.
2 Appuyez sur la touche **Maj** et maintenez-la enfoncée.
3 Sans relâcher la touche **Maj**, cliquez après le dernier caractère à sélectionner.
4 Relâchez la touche **Maj**.

Sélectionner une colonne de texte

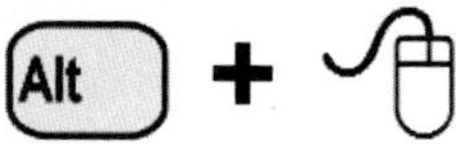

1 Appuyez sur la touche **Alt** et maintenez-la enfoncée.
2 Sans relâcher la touche **Alt**, cliquez avant le premier caractère à sélectionner et, en maintenant le bouton gauche de la souris enfoncé, faites glisser le pointeur jusqu'à ce que tout le texte souhaité soit sélectionné.
3 Relâchez la touche **Alt** et le bouton gauche de la souris.

Copier du texte

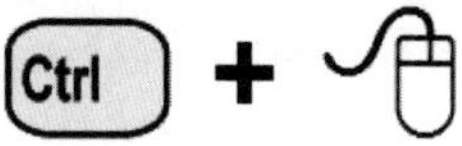

Sans doute avez-vous déjà déplacé du texte avec la souris. Il suffit en effet de le sélectionner, puis de cliquer dessus et, sans relâcher le bouton gauche de la souris, de faire glisser les caractères à l'endroit souhaité. Si vous utilisez fréquemment cette technique, sachez qu'elle peut aussi vous permettre de copier du texte. Voici le tour de main à connaître.

1 Sélectionnez le texte à copier. Utilisez pour ce faire l'une des deux techniques suivantes :
   - Cliquez avant le premier caractère à sélectionner et, sans relâcher le bouton gauche de la souris, faites glisser le pointeur jusqu'à ce que tout le texte souhaité soit sélectionné. Relâchez ensuite le bouton gauche de la souris.
   - Appliquez la méthode de sélection la mieux appropriée parmi celles exposées à la section « *Percez le secret des sélections* », dans l'étape 5.

2 Appuyez sur la touche **Ctrl** et maintenez-la enfoncée.

3 Sans relâcher la touche **Ctrl**, cliquez sur le texte sélectionné et, en maintenant le bouton gauche de la souris enfoncé, faites glisser ce texte jusqu'à l'endroit où le copier. Un signe plus s'affiche à côté du pointeur, et un petit trait gris en pointillé matérialise l'emplacement de destination.

4 Relâchez la touche **Ctrl** et le bouton gauche de la souris. Le texte est dupliqué au nouvel endroit. La version d'origine reste à son emplacement initial.

Dans l'Explorateur Windows

Si vous avez l'habitude d'utiliser la souris plutôt que le clavier pour naviguer dans l'Explorateur Windows, cette section vous livre quelques astuces qui rendront vos manipulations encore plus efficaces. Vous allez en effet découvrir que certaines touches du clavier peuvent modifier le comportement de la souris de façon très intéressante.

Sélectionner des fichiers ou des dossiers

Comme lorsque vous employez le clavier seul, vous ne pouvez sélectionner plusieurs fichiers ou dossiers que dans la partie droite de la fenêtre de l'Explorateur. La technique à mettre ensuite en œuvre dépend de la disposition de ces fichiers ou dossiers : vous n'utiliserez en effet pas la même méthode selon que vous voulez sélectionner des fichiers ou dossiers adjacents ou non contigus.

Sélectionner des fichiers ou dossiers contigus

1 Sélectionnez le premier fichier ou dossier à sélectionner. Pour ce faire, vous pouvez cliquer dessus, ou utiliser la technique exposée dans la section respective « *Ouvrez les fichiers à consulter ou à modifier* » ou « *Pleins feux sur les fichiers* », dans l'étape 10.
2 Appuyez sur la touche **Maj** et maintenez-la enfoncée.
3 Sans relâcher la touche **Maj**, cliquez sur le dernier fichier ou dossier à sélectionner.
4 Relâchez la touche **Maj**.

Sélectionner des fichiers ou dossiers non contigus

1 Sélectionnez le premier fichier ou dossier à sélectionner. Pour ce faire, vous pouvez cliquer dessus, ou utiliser la technique exposée dans la section respective « *Ouvrez les fichiers à consulter ou à modifier* » ou « *Pleins feux sur les fichiers* », dans l'étape 10.

2 Appuyez sur la touche **Ctrl** et maintenez-la enfoncée.

3 Sans relâcher la touche **Ctrl**, cliquez sur chaque fichier ou dossier à sélectionner.

4 Relâchez la touche **Ctrl**.

Créer un raccourci vers un fichier ou un dossier

Pour pouvoir ouvrir rapidement un fichier ou un dossier que vous utilisez souvent, vous pouvez créer un raccourci qui le cible et le placer à un endroit facilement accessible, comme le Bureau ou le dossier Mes documents.

1 Sélectionnez le fichier ou dossier vers lequel créer un raccourci. Pour ce faire, vous pouvez cliquer dessus, ou utiliser la technique exposée dans la section respective *« Ouvrez les fichiers à consulter ou à modifier »* ou *« Pleins feux sur les fichiers »*, dans l'étape 10.

2 Appuyez sur la touche **Ctrl** et maintenez-la enfoncée.

3 Sans relâcher la touche **Ctrl**, appuyez sur la touche **Maj** et maintenez-la, elle aussi, enfoncée.

4 Sans relâcher les touches **Ctrl** et **Maj**, cliquez sur le fichier ou le dossier et, en maintenant le bouton gauche de la souris enfoncé, faites glisser ce fichier ou dossier jusqu'à l'endroit où insérer le raccourci. Cet emplacement apparaît en surbrillance, et une petite flèche s'affiche à côté du pointeur.

5 Relâchez les touches **Ctrl** et **Maj**, et le bouton gauche de la souris. Le raccourci apparaît à l'endroit mis en surbrillance à l'étape 4. Il porte le nom du fichier ou dossier original, précédé de la mention « Raccourci vers ».

Copier ou déplacer un fichier ou un dossier

Avec les commandes **Copier**, **Couper** et **Coller**, les raccourcis clavier **Ctrl+C**, **Ctrl+X** et **Ctrl+V** constituent les outils de copie et de déplacement les plus fiables. Ils évitent en effet de relâcher le bouton de la souris alors que le bon lieu de destination n'est pas encore sélectionné. Néanmoins, si vous ne pouvez pas vous passer de la souris, voici deux procédures à connaître.

Copier un fichier ou un dossier sur un même lecteur

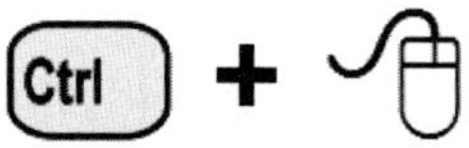

Quand vous faites glisser un fichier ou un dossier avec la souris vers un autre emplacement du lecteur en cours, ce fichier ou dossier est automatiquement déplacé. Une astuce très simple permet de réaliser une copie.

1 Sélectionnez le fichier ou dossier à copier. Pour ce faire, vous pouvez cliquer dessus, ou utiliser la technique exposée dans la section respective *« Ouvrez les fichiers à consulter ou à modifier »* ou *« Pleins feux sur les fichiers »*, dans l'étape 10.

2 Appuyez sur la touche **Ctrl** et maintenez-la enfoncée.

3 Sans relâcher la touche **Ctrl**, cliquez sur le fichier ou le dossier et, en maintenant le bouton gauche de la souris enfoncé, faites glisser ce fichier ou dossier jusqu'à l'endroit où le copier sur le lecteur en cours. Cet emplacement apparaît en surbrillance, et un signe plus s'affiche à côté du pointeur.

4 Relâchez la touche **Ctrl** et le bouton gauche de la souris. Une copie du fichier ou du dossier apparaît au nouvel endroit.

En appliquant le même principe, vous pouvez créer une copie d'un fichier ou d'un dossier à son emplacement actuel.

1 Sélectionnez le fichier ou dossier dont vous voulez réaliser une copie.

2 Appuyez sur la touche **Ctrl** et maintenez-la enfoncée.

3 Sans relâcher la touche **Ctrl**, cliquez sur le fichier ou le dossier et, en maintenant le bouton gauche de la souris enfoncé, faites glisser ce fichier ou dossier dans une zone vide du dossier où il se trouve actuellement. Un signe plus apparaît à côté du pointeur.

4 Relâchez la touche **Ctrl** et le bouton gauche de la souris. Une copie du fichier ou du dossier apparaît dans le dossier en cours. Elle porte le nom du fichier ou dossier original, précédé de la mention « Copie de ».

Déplacer un fichier ou un dossier sur un autre lecteur

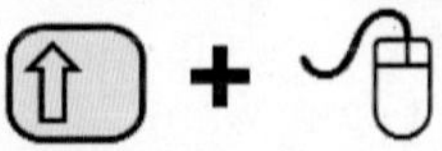

Quand vous faites glisser un fichier ou un dossier avec la souris vers un autre lecteur que celui en cours (d'une disquette vers le disque dur, par exemple), ce fichier ou dossier est automatiquement déplacé. Voici comment réaliser un déplacement définitif.

1 Sélectionnez le fichier ou dossier à déplacer. Pour ce faire, vous pouvez cliquer dessus, ou utiliser la technique exposée dans la section respective *« Ouvrez les fichiers à consulter ou à modifier »* ou *« Pleins feux sur les fichiers »*, dans l'étape 10.

2 Appuyez sur la touche **Maj** et maintenez-la enfoncée.

3 Sans relâcher la touche **Maj**, cliquez sur le fichier ou le dossier et, en maintenant le bouton gauche de la souris enfoncé, faites glisser ce fichier ou dossier jusqu'à l'endroit où le déplacer sur le lecteur de destination. Cet emplacement apparaît en surbrillance.

4 Relâchez la touche **Maj**, et le bouton gauche de la souris. Le fichier ou du dossier est déplacé au nouvel endroit. Il disparaît de son emplacement d'origine.

Au niveau de la barre des tâches

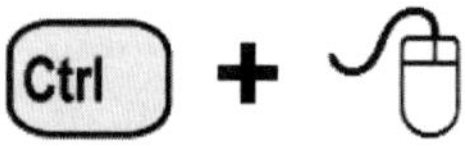

Nous terminons cette annexe par une technique qui se révèle particulièrement précieuse si vous travaillez souvent avec plusieurs programmes à la fois. Associée à la touche **Ctrl**, la souris permet en effet de sélectionner plusieurs boutons simultanément dans la barre des tâches et d'accéder ensuite à un menu contextuel depuis lequel vous pouvez, par exemple, demander la disposition en mosaïque de toutes les fenêtres d'applications ouvertes. Intéressant pour garder un œil sur sa messagerie électronique tout en travaillant dans Word, notamment !

1 Cliquez sur le bouton du premier programme à sélectionner.

2 Appuyez sur la touche **Ctrl** et maintenez-la enfoncée.

3 Sans relâcher la touche **Ctrl**, cliquez sur chaque bouton d'application à sélectionner.

4 Relâchez la touche **Ctrl**.

Tous les programmes souhaités sont désormais sélectionnés, et leur bouton apparaît enfoncé. Si vous appuyez maintenant sur la touche **Application** ou si vous cliquez avec le bouton droit de la souris sur l'un de ces boutons, le menu contextuel suivant apparaît :

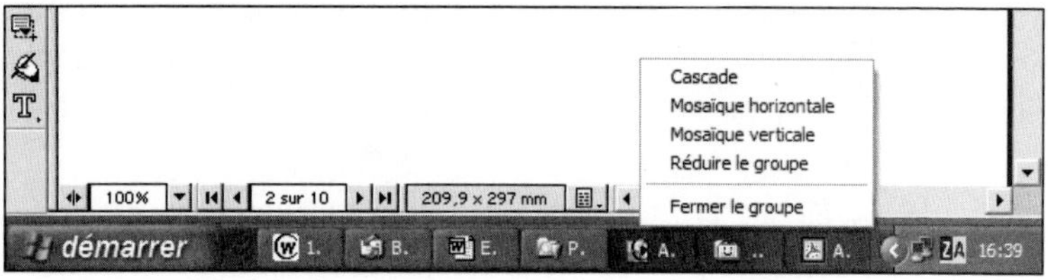

Vous pouvez, au choix :

- disposer les fenêtres des programmes sélectionnés en mosaïque ou en cascade ;
- réduire à l'état de bouton les fenêtres des programmes sélectionnés ;
- fermer les programmes sélectionnés.

Apprendre le clavier en 10 étapes

Index

D

E

F

G

H

I

L

M

N

O

P

Q

R

S

V

W

En 10 ETAPES

Dans la même collection :

- Votre premier PC En 10 étapes
- Apprendre le clavier En 10 étapes
- Corriger des photos numériques En 10 étapes
- Créer des vidéos numériques En 10 étapes
- Vos vidéos sur DVD En 10 étapes
- S'équiper en Home Cinema En 10 étapes

Pour connaître les nouvelles parutions dans vos collections favorites, retournez votre **Fiche lecteur** et recevez gratuitement le catalogue **Livres d'informatique** des **Éditions First Interactive**.

À mon avis, « Apprendre le clavier En 10 étapes » est

❑ Excellent ❑ Moyen

❑ Satisfaisant ❑ Insuffisant

Ce que je préfère dans ce livre

....

....

....

....

Mes suggestions pour l'améliorer

....

....

....

....

En informatique, je me considère comme

❑ Débutant ❑ Expérimenté

❑ Initié ❑ Professionnel

J'utilise l'ordinateur

❑ Au bureau ❑ À l'école

❑ À la maison ❑ Autre

Nom...

Prénom ....

Adresse...

Code postal .... Ville...

Pays...

Fiche Lecteur à découper ou à photocopier.

Adresse au verso

AFFRANCHIR
AU TARIF
LETTRE

Éditions First Interactive
33, avenue de la République
75011 PARIS
France